世图心理

博客：http://blog.sina.com.cn/bjwpcpsy
微博：http://weibo.com/wpcpsy

伯特・海灵格 (Bert Hellinger) 于 2015 年在俄罗斯伊尔库茨克做的一场家族系统排列

人山人海：2015 年在阿根廷布宜诺斯艾利斯举行的家族系统排列研讨会

伯特·海灵格与研讨会参与者交谈

伯特与索菲·海灵格 (Sophie Hellinger) 于 2014 年在 Bad Reichenhall 培训营中同一位学员交谈

在墨西哥多元文化大学（Universidad Multicultural Cudec）的一次活动中。伯特·海灵格的右边是他的妻子索菲，左边是安吉丽卡·奥利维拉·马尔皮卡 (Angelica Olivera Malpica) 和该校校长阿方索·马尔皮卡·卡德纳斯 (Alfonso Malpica Cardenas)

伯特·海灵格与心理学家吉丽娜·普雷科普 (Jirina Prekop) 关系友好。 她于1970 年从捷克斯洛伐克来到德国

1970 年，伯特·海灵格（右）与赫尔曼·施泰格 (Hermann Steiger) 神父

1929 年，伯特与他的
兄妹和母亲

1929 年，伯特（第一排
右二）和他的哥哥罗伯特
（第一排最右边）在幼儿园

4

1931 年，伯特与他的
妹妹玛丽安和外祖父母

1931 年，伯特在上学的第一天

1933 年，伯特和他的哥哥罗伯特、妹妹玛丽安在湖里游泳

9 岁的伯特和他的兄妹在 1934 年的圣诞节

1935 年，伯特和他的妹妹玛丽安在雷门

1937 年，12 岁的伯特（前右）与他的父母和兄妹

伯特和一位同学在美因河畔洛尔的
阿洛伊西亚努姆（Aloysianum）
寄宿学校的花园里

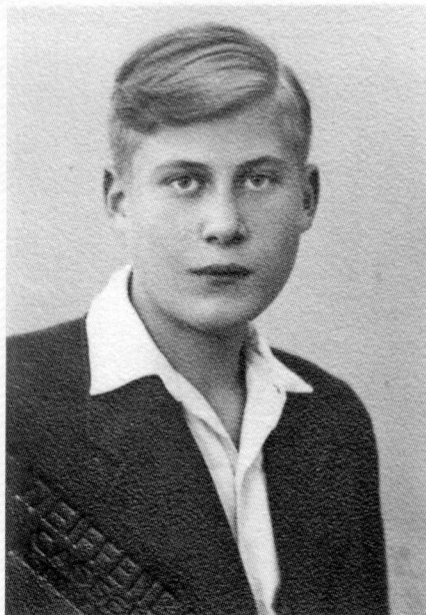

1941 年，16 岁的伯特·海灵格还是
一名学生

17 岁的伯特·海灵格和他的
母亲在一起

伯特·海灵格作为二战中驻法德军的一名士兵（站立，左三）

伯特・海灵格于 1943 年在法国过圣诞节（第一排，左三）

伯特・海灵格在南非任教

1960 年，伯特·海灵格和一名南非学生

伟大而庄严的一天：1952 年，伯特·海灵格主持的第一场弥撒

20 世纪 50 年代末在南非建造一座教堂的时候

1960 年，伯特·海灵格从南非回国休假时与父母在一起

伯特·海灵格和他的第一任妻子赫塔 (Herta)

伯特·海灵格在阅读他的一本书的手稿

伯特和索菲·海灵格。与她一起，他将传统的家族系统排列发展成为新的家族系统排列

伯特和索菲·海灵格于 2003 年结婚

伯特和索菲·海灵格于 2015 年在巴西圣保罗举行的工作坊上

全场爆满：西班牙阿维拉的工作坊

92 岁高龄的伯特·海灵格在家中

[德] 伯特·海灵格 著　　乐竞文 译

[德] 汉娜-洛蕾·海尔曼　　协助整理

海灵格自传

我的工作，我的生活

中国出版集团有限公司

世界图书出版公司

北京　广州　上海　西安

图书在版编目（CIP）数据

海灵格自传：我的工作，我的生活 / （德）伯特·
海灵格著；乐竞文译. -- 北京：世界图书出版有限公
司北京分公司，2024. 11. -- ISBN 978-7-5232-0095-7

Ⅰ. K835.165.1

中国国家版本馆 CIP 数据核字第 2024M6F997 号

Mein Leben.Mein Werk.© 2018 Bert Hellinger

Ariston Verlag in der Verlagsgruppe Random House GmbH

publications@hellinger.com

www.hellinger.com

Simplified Chinese edition © 2024 Beijing World Publishing Corporation

All rights reserved.

书　　名	海灵格自传：我的工作，我的生活 HAILINGGE ZIZHUAN
著　　者	[德]伯特·海灵格
译　　者	乐竞文
责任编辑	杜　楷
封面设计	蚂蚁字坊
出版发行	世界图书出版有限公司北京分公司
地　　址	北京市东城区朝内大街 137 号
邮　　编	100010
电　　话	010 - 64038355（发行）　64033507（总编室）
网　　址	http://www.wpcbj.com.cn
邮　　箱	wpcbjst@vip.163.com
销　　售	新华书店
印　　刷	河北鑫彩博图印刷有限公司
开　　本	787mm × 1092mm　1/16
印　　张	15.5
字　　数	162 千字
版　　次	2024 年 11 月第 1 版
印　　次	2024 年 11 月第 1 次印刷
版权登记	01-2023-1495
国际书号	ISBN 978-7-5232-0095-7
定　　价	78.00 元

一个能如我一般回顾近百年人生的人，其实有很多话想说。因此，很长一段时间以来，我的妻子索菲（Sophie）一直让我撰写自传。但是我坚定地拒绝了。我认为，我要说的，都可以在我所写的一百多本书中找到。因为随着第三帝国（纳粹德国）的结束，我的生活轨迹已不再由外部环境决定，而取决于我的认知和思想。对此，我毫不动摇地跟随，并以多种不同的方式进行着分享。

我既不是耀眼的摇滚明星，也不是喜欢抛头露面的好莱坞演员，因此我不觉得有什么理由对自己做更多的介绍。但是，我生命中的一些事件招引了谣言和猜测。一位年近八十岁的曾经的教士与妻子离婚，并娶了一个年轻得多的妻子，这会使他和他的新伴侣很快地成为人们臆测的对象。我的妻子索菲和我对此都从未发表过评论。我也没有对抗过任何针对我个人的攻击。相反，我专注于我的工作。因为我坚信，只有行之有效的东西才能持久。而事实也确实如此。

那么，是什么使我改变了主意，撰写这本自传呢？首先，我这个年纪和与之相关的必要人生步骤，可以一目了然。在 2018 年，我把我所有的专业活动，例如海灵格学校和海灵格出版社移交给我的妻子索菲。近二十年以来，我一直与她一起发展家族系统排列，并在世界各地举办工作坊和讲座。

然而问题是，我还能这样做多久呢？虽然我的身体还很健康，但是我还是能够感觉时光对身体的消耗。精力在减弱，身心需要更多的休息。这并不会让我感到难过，因为我认为，在经过了几十年的密集工作之后，我也应该多休息一些了。也正因为如此，我今年已经限制了我的外出旅行活动，越来越多地让索菲独自举办工作坊课程和讲座。这期间，她在前进，而我也在关注着她在家族系统排列领域中的进一步发展。她所走的道路，以及她所遵循的洞见，都使我充满钦佩和喜悦。

我的妻子肩负起重任，承接了我所有的专业活动。这些工作对她的要求很高——不仅是时间上的，更是在能量和灵感上。她做好准备而承接的所有工作，表明了她对我的爱以及她对家族系统排列的认同。那些能够在生活中找到这样伴侣的人，真是幸运！

但是，当有一天我不在世了——这种情况每天都可能发生——我的妻子还不得不承担替我说话的重任吗？她还不得不替我去回答那些与我个人相关的问题吗？她不得不替我去完成那些连我都没兴趣的未竟之事吗？我无权这样做。即使她会为我承接所有的那一切，人们会信任她吗？人们会不会有失偏颇地对待她，使她面临更多的困难？所以，是时候我该解释自己，从各方面澄清一下了。

同时，我知道，要完成我的自传这样一部范围广泛的著作，我是需要支持的。在我这样的年龄，花数周时间在电脑前写下那些人生经历，几乎已经不可能了。但真的"无巧不成书"，一个幸运的巧合给我提供了帮助，尽管我不相信巧合，而是更同意卡尔·古斯塔夫·荣格（Carl Gustav Jung）所使用的共时性或一致性的概念。

我的妻子索菲和我谈论自传这个话题后过了一段时间，一天晚上，我们接到了来自意大利海灵格学院（Hellingerschule）负责人，我们亲密的朋友克里斯蒂娜·尼德科夫勒（Christina Niederkofler）的电话。她与记者兼作家汉娜－洛蕾·海尔曼（Hanne-Lore Heilmann）是朋友，这位作家在意大利参加了家族系统排列的几次讲座，正在参加那里的排列师培训课程。

那天，汉娜－洛蕾·海尔曼恰巧与克里斯蒂娜·尼德科夫勒谈到写海灵格传记的想法，并请求她安排与我和我妻子的会面。第二天，克里斯蒂娜·尼德科夫勒就来拜访我们，更详细地讨论这个话题。仅仅四天后，汉娜－洛蕾·海尔曼就前来对我们进行了两个星期的拜访。我们建议她参与写作我计划中的自传。她立刻就同意了。

几天后，我的密友，神经病学家、精神病学家、心理治疗师，曾是欧洲最著名的人际沟通心理学专家之一的鲁迪格·罗格尔博士（Rüdiger Rogoll）也来到我家，与我们相聚了几日。回忆像我这样漫长的人生，会发现有些记忆被尘封在某个暗室中，已经上了锁。那是因为，一直以来我始终朝前看、朝前走。要想重拾我的记忆，需要一把特殊的钥匙。我的朋友鲁迪格·罗格尔就拥有这把钥匙。从上个世纪 70 年代他就认识我，并与我一起经历了许多事件。他就是用这样的句子解锁了我的许多记忆暗室："你还记得吗，那时候你……"瞬间，记忆重现。而最重要的是，我的妻子索菲陪伴我走上了这趟怀旧之旅。

在接下来的几个月中，汉娜 – 洛蕾·海尔曼常常成为我与妻子的座上宾，帮助我重新聚集我生活的碎片。鲁迪格·罗格尔也总是加入我们行列。就这样，我的生活片段就在我们这个四人小组中一点一点地重新积累了起来。联结我们每个人的不仅是共同的目的，还有相互的重视、尊重和情感的关怀。工作进行得至善至美。

因此，我希望，伴随本书创作的这份和谐也对本书的读者产生影响。希望我的自传，帮助读者找到通往更充实、更幸福生活的道路。

大约 15 年前，我的好朋友霍尔格·里希特（Holger Richter），卢森堡 RTL 广播公司的长期节目总监，向我讲述了他参加海灵格家族系统排列的体验。他向我讲述的一切使我非常着迷，于是我自己去参加了一次家族系统排列的讲座。像所有人一样，我在生活中也有希望通过一个排列来解决的"那个问题"。讲座中经历的一切给我留下了深刻的印象。更重要的是，它紧紧地抓住了我，再也没有放开。我开始更深入地研究海灵格的这种方法，最后进入海灵格学校，以学生的身份开始学习系统排列。

到今天，我可以完全坚定地说，没有什么像伯特·海灵格的洞见那样，给我的人生带来如此巨大的改变。对我来说，人生划分为"海灵格前的人生"和"海灵格后的人生"。我的许多决定都受到他思想的影响。也许更重要的是，他对于生命中序位的发现，使我对他人的了解得到了提升！过去让我对某人感到不安的事情，现在我可以从不同的角度来看待了。感恩伯特·海灵格，使我不

汉娜—洛蕾·海尔曼序

仅对人的灵魂有更多的了解，而且拥有了更多的内心的平静。

在成为排列师的学习期间，我在南蒂罗尔省布里克森的课程中结识了意大利海灵格学院院长克里斯蒂娜·尼德科夫勒。从那以后，我们成为了挚友。也正是她帮助我与伯特和索菲·海灵格建立了联系，这本自传才得以诞生。

对于能够有幸参与伯特·海灵格自传的工作，我深表感谢。但最重要的是，我希望通过参与此次工作，对伯特·海灵格的一生表达深深的敬意。

在过去的两年中，我与伯特和索菲在他们位于贝希特斯加登的家中一起度过了许多时光，深刻地认识到他们是两个非凡的人。我以前从未见过如伯特·海灵格这般善良的人。他的妻子索菲也给我留下了深刻的印象，索菲将她生命中永无止境的精力奉献给家族系统排列，并凭借自己的学识将家族系统排列带入了一个新的维度。

在海灵格家中，我度过了许多紧张而美好的时刻。特别记忆深刻的是一个夏天的傍晚，我们坐在他家可以欣赏瓦茨曼（Watzmann）山峰景色的露台上，那座命运之峰在过去已经夺去了上百人的生命。伯特·海灵格唱起了我们的晚间之歌——马蒂亚斯·克劳迪乌斯（Matthias Claudius）演唱的《月亮升起》。他记得全部的歌词：

月亮升起，镶嵌在天空，

金色的一轮，明亮而澄清。

森林黑暗，无声寂静，

草地上升起，白雾轻盈。

暮色之城，如此沉静，

轻纱中睡去，忘苦难于无形。

你可看到天上的月亮？

只能看到一半的明亮，

其实它本来不是这样，

其实它圆圆又漂亮。

就像事情一桩一桩，

让我们相信就是那样，

其实眼睛并没有说谎，

只因为看不到原本的模样。

我们这些骄傲的人们，

其实是徒劳可怜的罪人，

知之甚少还编造谎言，

远离大道不堪重任。

上帝，让我们看到您的救恩，

不要陷入短暂的信任，

不被虚荣的假象冲昏；

让我们的头脑变得单纯，

在你面前地球上的我们，

如孩子们般虔诚快乐和感恩。

最后通过温柔的死亡，

带我们摆脱世上的苦恨；

当您带着我们离去，

请带领我们进入天堂之门，

您是我们的主，我们的上帝，我们的父神。

在最后一节，索菲·海灵格轻轻地加入，他们就这样在黄昏的暮色中一起吟唱：

兄弟们，请奉上帝之名躺下；

夜晚的薄雾微凉如纱。

还请带上那被病痛折磨的邻人，

请赐予我们宽恕的惩罚。

主啊，让我们安静地睡吧！

沉默片刻之后，伯特·海灵格说：

"完整的一天。"

他在每天结束的时候都会这样说。

有一次，索菲·海灵格从萨尔茨堡机场接我，在前往她家的路上，她对我说："这里是你的第二故乡。"这让我非常感动。

谢谢，索菲。谢谢，伯特·海灵格。

经由这本自传，我踏上了旅程。这旅程通向那个"过去"，那个将我带到了现在的"过去"。男人遇见那个孩子，老人重逢那个青年，而将到来的终结在这里邂逅开始。我走过自己即将圆满的人生，我的生命之环仅仅还欠缺最后的一扣，那是未来，我所剩无几的未来。我无忧无虑地看向那一切。我得到如此多的时间的馈赠。生命在塑造我的过程中，赋予我富足的时间。今天的我充满感恩和谦卑地看向那些时光，所有的人和事，所有的思与见，鱼龙曼羡，更仆难数，都是生命赐予我的恩典。

目录

第一章　童年与青年　/001

第二章　劳务和士兵生涯　/027

第三章　教会生活与神职授任　/047

第四章　在南非做传教士　/055

第五章　返回德国和离开教会　/071

第六章　治疗师职业培训和结婚　/097

第七章　家族系统排列的突破　/127

第八章　经典的家族系统排列　/135

第九章　良知的区别　/141

第十章　爱的第一种序位：归属的权力　/149

第十一章　爱的第二种序位：等级的顺序　/161

第十二章　**爱的第三种序位：给予与接受之间的平衡**　　/169

第十三章　**男人和女人之间爱的序位**　/175

第十四章　**亲子关系**　/189

第十五章　**堕　　胎**　/203

第十六章　**家族中使人生病的因素**　/213

第十七章　**各种疾病的系统性背景**　/227

第一章

童年与青年

1925 年 12 月 16 日一个新月之夜，我出生于德国海德堡附近宁静的雷门镇，是我父亲阿尔贝特（Albert）和我母亲安娜（Anna）的第二个孩子。我的父母给我起名叫安东（Anton）。尽管我对占星术知之甚少，但其根据我出生日期所作出的预测似乎是正确的（也可能是偶然）：据称，新月时出生的人倾向于用他们自己的理想和个性塑造世界；星座为射手座的人据说不屈不挠、坚持自我，善于说服和影响他人，同时也总是向他人挑战；在这样做的时候，他会无条件地主张自己认为正确和真实的一切。

我终生都在表达我认为真实和正确的一切。常常不计后果。我始终做好了承担这些后果的准备。我没有准备低头，我只是准备好去适应和遵从。低头的人会丧失他的气节和尊严。正因如此，我在十几岁的时候就没有屈服于残酷的纳粹制度，被定性为人民潜在的敌人而遭受惩罚。但是我遵从天主教的教律，因为它们符合我当时好的良知。当我不能再遵从它们时，我不顾一切地辞去了教职。同样，我也从不关心别人的意见，因为那都是些渴望被认可的僵化的、偏见式的思维模式。他们中的一些人后来从他们的角度攻击了我，但那不会让我迷失自己的道路。而对于那些更好的观点，我始终抱持着开放的态度。

回首童年时，我发现自己长期处于矛盾状态。与其他人一样，我也随着年龄的增长，根据自己当时新的生活情况，与我的父母一次又一次地建立新形式的关系。这是我了解他们爱的程度的唯一途径。

在我的生命之中，我怀着感激和谦逊的心情面对父母。每个人都认为，他们与母亲的关系尚可。但是，如果再深入一点，人们就会发现，这种简单的认识是不够的。这不仅仅关系到人们认为或觉得自己与母亲和谐相处，而是，人们需要带着坚定的信念，在内在强烈地感受到这一点。人们越是更多地面对这样的情况——例如，曾经和母亲经历过些什么——对早期所遭受的，还未曾被疗愈的伤害的记忆就越多。而只有当这些被忘记，当人们不再记得这些（哪怕他们自己想记得），疗愈才能成为可能。

我坚信，每个人都可以在自己身上观察到这样的过程。我也很确定，人们可以通过不同的排列与母亲产生共鸣，并且通过这种方法使那些不曾意识到的、被压抑的情况暴露出来。一个旧的事件被触发出来，并依其后果得到释放。这是一个终生的过程。因为，每个步骤都有一个自己的起点，而这个起点取决于与母亲关系的变化。就如同，人们永远无法踏入同一条河流。

从人生的第一年到上学之前，我都生活在雷门镇。雷门镇只有四千名居民，也是我父母的出生地。我父亲是当地水泥厂的一名工程师，我的外祖父也曾在那家水泥厂从事过繁重的体力劳动，那就是现在的海德堡水泥公司。

我们一家人居住在一个工人居住区，当时称为工人集体宿舍（Arbeiterkolonie），类似埃森（Essen）著名的克虏伯居住区。该居住区是 1900 年由公司的创建者弗里德里希·肖特（Friedrich Schott）用私有财产建造的，他本人称这个建筑项目为"优秀工人之家"。另外，每个家庭还从工厂那里获得了一块土地，在那里种植供应自己家庭的水果和蔬菜。我的祖父还饲养了鸡和猪。可以说，那是从农村到工业时代的过渡。从早到晚，在工厂工作，一天的工作之后还要去田野中劳作。

我出生时，我的外祖父已经退休。但我在上学之前与外祖父母生活了很长时间，我是在这样一种环境中长大的，就是那种普通人简单的生活。那里有很多孩子，对于我们这些孩子来说，那就是一部田园诗。我们在一块草地和一棵树荫浓密的大树下玩耍。能够自由地进出不同的人家，就好像我们也是这家的成员一样。那里几乎就像是一个大家庭。

那些人的生活非常暖心而直率，烙印在了我的整个人生中。直到如今，我都感觉雷门是我的故乡。那缆车单调的嗡嗡声和那 265 个绿色轨架车箱摇摇摆摆滑动的声音，依然萦绕在我的耳边，那些轨架车箱将高含量的石灰石从六公里外的采石场越过雷门的屋顶，运送到水泥厂。

我一直倾心于简单和朴素。即使在繁荣时期，我也对金钱的诱惑无动于衷。脚踏实地的态度和坚持不懈的、自律的工作决定了我生活的基调。令我快乐的不是精致的菜肴，而是一个好的土豆或者我那熟识草药的妻子索菲为我准备的饭食。我们的车库里没有新的豪华轿车，只有一辆开了二十年的旧汽车。这辆车仍然忠实地为我们服务着，为什么要买新的？

我拥有的奢侈是一座能望见瓦茨曼山脉壮丽风景的住宅。许多登山者把他们的生命留在了那座命运之峰上。我们为经常前来拜访的亲朋好友们提供客房，并与他们在厨房或阳台的简单木桌旁用餐。他们经常在每天下午陪伴索菲和我沿着附近的小溪散步。这条小溪赋予我们力量和内在的平和。身处大自然之中收获喜悦，与人们和谐相处鼓舞人心，削弱了金钱的力量。

我五岁那年，父母带着比我大两岁的哥哥罗伯特（Robert）和比我小两岁的妹妹玛丽安（Marianne）一起搬家去了科隆。但是他们把我留在我祖父母那里，直到我上学之前。这样做真正的原因我从来不曾知晓。我猜测，我的父母想在离开祖父母的时候为他们在家中留下一些慰藉。尽管我喜欢和祖父母一起生活，但与父母的分离依然使我感受到深切的割裂。我感到自己被抛弃，并因为罗伯特可以去新家而感觉受到冷落。我并不太介意玛丽安能与父母同住这件事。毕竟，她是小孩子。我更把我的哥哥当成竞争对手。因为必须留下和祖父母在一起这件事，我和我母亲的关系受到了永久性的损害。这样的结果，我后来经常在经历类似情形的家族系统排列的案主身上观察到。我称其为"朝向母亲的移动的早期中断"。

　　这种朝向母亲的移动的中断对于每个个体意味着什么？生命首先是通过母亲来到我们这里的。我们接受母亲的方式，就是我们接受生命的方式。我们如何面对我们的母亲，我们也如何面对我们的生命。谁背弃母亲，谁就背弃了生命。因此，成功的人生首先开始于我们与母亲关系的成功。那些接受自己母亲的人，散发着光芒，备受爱戴，并总能立即吸引其他人。与母亲的和谐是通往幸福的钥匙。

　　然而，对于许多人来说，一些早期的经历阻碍他们接受母亲。他们在五岁之前，通常在三到四岁之间，经历了与母亲的分离。例如，一个孩子被放在其他地方一定的时间，或者在孩子生病的情况下母亲无法去探望，或者母亲在生病后不得不离开去进行治疗等等类似情况。这样的分离对孩子来说是巨大的痛苦。"她在哪儿？我被丢弃了吗？"孩子会在内心深处问自己。这是一种创伤，因为母亲与孩子之间必要的移动无法进行了。

　　特别需要母亲时，母亲不在的无助和无法去到她身边的绝望，导致孩子做出一个内在的决定。在孩子的内在，母亲的形象突然改变了，变得与痛苦和指责相关联。分离的痛苦也常常会转变为愤怒或绝望。孩子就会在内在说："我放弃她""我一个人待着""我与她保持距离""我转开，不朝向她""我退出；没有人真正与我在一起；我一个人独自站着"。

　　在那之后，这个孩子就变了。当母亲重新回来时，孩子会出于痛苦的记忆推开母亲，避开她。例如，孩子不再让母亲触碰自己，在母亲和母亲的爱面前封闭自己。当母亲试图靠近孩子并拥抱他时，孩子会有内在的（也常常是外在的）拒绝。这样的反应使母亲觉得自己可能做错了什么，也就不再靠近。由此，他们两个就再也不能真正地在一起了。

在日后的人生中，这也会产生影响。这样的孩子即使成年以后也常常害怕亲密。每当他接近某人，就会记起曾经的痛苦，从而中断接近。例如，在伴侣关系中不向对方靠近，而是等待对方靠过来。但是，他们通常又很难忍受亲密，以至于不能愉快地接受对方，而是采用各种不同的方式拒绝对方。受到如此创伤的人，即使他们自己非常痛苦，也只能迟缓地打开自己，而且大多只能打开很短的时间。通常他们也会这样对待自己的孩子。

但是，如果能够穿越种种恐惧，回到分离的情形中，从内在或通过排列对那个被打断的移动进行修补，这种创伤就可以从感觉上到记忆上得到释放。忍受着不断加剧的痛苦，忍受着儿时烙印下的失望与愤怒，仍然在爱中一步一步地走向母亲，直到最后整个人扑到她的怀里，被她紧紧抱住。最终再次与她融为一体。

直到中年，我本人才完整地体会到我母亲的成就，并对她肃然起敬。我是在美国的一次治疗中达成这一点的。当时的治疗师在地板上画了三个正方形。我必须逐一站到每个正方形的中间，然后说出我在哪个正方形中感觉最好。但它们对我来说都是一样的。治疗师向我解释说，一个正方形代表世界上最好的母亲，一个正方形代表最坏的母亲，第三个正方形代表我的母亲。我忍不住大笑起来，嘲笑自己和那些假设。突然，我感到自己就像是获得了重生，强大而有力。我意识到我对母亲的指责阻止了我去到她那里。由于我仍然对她抱有期望，所以我实际上停留在孩子的阶段，还没有真正长大。

我也在冥想中回到那个创伤之前的时光。我记起了与母亲一起的幸福经历，充满信任，在她的怀抱中，被充满了爱意的目光滋养。我记起了那些让我感到被遗忘的琐事。心中带着这些新的印象，我看向自己那曾经使我受到心灵创伤的母亲。我抱持着那个积极的印象，让它超越那些带有指责的图像，在我的灵魂中获得更广阔的空间。我推翻了自己早先的决定，对已经去世的母亲说："我回来找你了。"

直到那时，我才意识到，母亲始终在我身边。她任劳任怨地做着一切——洗衣，做饭，缝缝补补，在纳粹时代，她甚至曾经为了我，像一头母狮般与当时的体制斗争。

尽管认识到母亲对我的意义，我依然还不能完全地与她达成和谐。尤其是现在，我年事已高，每当想到我哥哥可能才是我母亲最爱的孩子，我都会感到一种悲伤和迷失。我九十二岁生日前几周的一个星期六，那种感觉再次淹没了我。我的妻子索菲对我说："来，让我们为此做个排列吧。"她和一位正在我们家做客的女性朋友作为代表进入了排列，之后，我也进入了排列。真相浮出了水面，我感受到了我母亲一直以来对我强烈的爱。是的，这份爱始终都在，而且，我对她的爱也始终都在。从那时起，我的灵魂一直充满着深深的平和。

这一切告诉我们什么？人可以在将近一百岁时仍然是那个孩子。甚至对于一个百岁老人来说，与母亲的关系依然决定着他灵魂的幸福与痛苦。母亲对我们人生的意义正是如此，大到令人难以置信。

那么，我们自身的喜悦始于何处？始于我们朝向我们父母的喜悦。我想象，上帝看向我们的父母，亦如他造就他们的样子。上帝是如何通过我们的父母表现出他的喜悦的？以怎样的神迹？他认为他们很好。

只有当我们发现我们也喜欢自己的父母，就像他们喜欢我们一样，我们才会发现我们自己很好，才会发现与我们同在的一切都很好。我们在这里找到极大的喜悦，一种席卷我们的巨大喜悦。被这巨大的喜悦席卷，我们手牵着手，跳起生命之舞。这种喜悦是灵性的喜悦，是一种无法描述的，没有前提、没有时限的喜悦，是纯粹的生命的喜悦和纯粹的幸福。

小学入学前不久，父母将我接回到他们科隆的家中。从几乎是田园诗的农村到喧闹的大城市，这当然是一个很大的变化。但是，孩子能够很快地适应新情况，孩子们能够很快地融入，他们也别无选择。如果他们与父母在一起，那么他们就生活在安全的场域内。这样一来，新奇的一切就不会被视为威胁，而被视为一种令人兴奋的丰富，让人充满好奇的向往。

在我来到科隆时，那座城市正在时任市长康拉德·阿登纳
(Konrad Adenauer) 的带领下，经历着令人印象深刻的腾飞。英国
占领军撤离后，阿登纳市长将科隆的布茨韦勒霍夫机场扩建成为
西部的交通枢纽。早在 1928 年，科隆便已与柏林、巴黎、阿姆斯
特丹、日内瓦、伦敦、布鲁塞尔、哥本哈根、汉堡和慕尼黑开通了
定期航班。1929 年，科隆－波恩高速公路开始兴建；1930 年，亨
利·福特甚至亲自来到这座城市，为之前一直设立在柏林的福特
汽车公司的新工厂奠基。1925 年竣工的汉莎大厦位于诺伊施塔特
北部，它尤其让我着迷。当时它就非常令人难以置信地有 17 层、
65 米高，一度曾是欧洲最高的房子。母亲带我去蒂茨百货商场
(Kaufhaus Tietz) 时，我特别高兴。在那里，人们可以乘坐德国第
一台全自动扶梯到达上一层。对我来说，这真是一个难得的体验。

当然还有科隆大教堂。这座宏伟的哥特式宗教建筑，拥有世界
上最大的双塔正立面，面积达 7000 平方米，代表着罗马教皇的权
威和天主教在该地区的重要性。这座建筑屹立在科隆市中心，如此
令人印象深刻和充满敬畏，却又如此使我对它充满信任和亲近的感
觉。因为，在五岁时，我已经做出了要成为一名神父的决定。

这个想法就是那样简单地找上了我。起初肯定是受到了我祖父
的影响。当我住在他家里时，每天早上六点，他都带我一起去参加
早弥撒。圣礼带给他的深深的虔诚与内在的平和使我印象深刻。那
时的我想，如果我自己是神父，站在祭坛前，对信徒拥有如此的影
响，那该多么美好。当然，作为一个孩子，那时的我还根本看不到

神父职业的真正范围。

但是即使在后来，比如在青春期，我的职业抱负也从未被另外的任何一个想法取代。我的决定必须从我与上帝关系的层面去看，当然，是那时我想象中的上帝。父母的家庭使我处于一个宗教氛围中。因此我的决定并不是自由的。我的父亲和我的母亲，尤其是我的母亲，非常虔诚地信仰天主教。我的母亲尤其强化了我的这一决定。那时，与神父这一职业相连接的是名望和声誉——不仅仅对那些被这项使命召唤的人们，对于他们的整个家庭亦是如此。家庭成员们会因此感觉与上帝更加亲近。同时，让孩子去担任神职被视为对上帝的一种承诺，这会让整个家族都兴旺起来。然而，我的妻子索菲却认为，我关于神父职业的决定是在无意识地取悦母亲。也许她是对的——就像许多其他的事情一样。

我背着当时典型的棕色皮革挎包，书包里面放着铅笔和吊着海绵擦的石板，踏入了小学的校门。那座小学位于科隆的埃伦费尔德(Ehrenfeld)，那个区里坐落着菲尔德·姆尔恩斯科隆香水厂，他们生产著名的4711古龙水和"五十岁以上女士"专用的"托斯卡"香水。到处都在使用苏特林字体，这种字体在20世纪20年代取代了德国的库伦特字体。不变的是帝国时代已经通用的课堂规则："双手互握，嘴巴闭紧，不要托腮，注意听讲！"

四年的小学时光对我来说是一种折磨。我的老师每天都用木棍打我。每当被打疼的我不能安静地坐在椅子上时，新的惩罚就会再次开始。起立，走到前面，趴在凳子上，被再次责打。老师为何如此针对我，始终是一个谜。但是，当时的老师被作为权威人士尊敬着，抱怨老师是不可思议的事。对于父母和学生——尤其是学生——而言，都是如此。

我的家中也是一派严谨。这主要是因为我的父亲。勤奋努力，总是干很多活，非常自律，他对我从不通融。他经常用一根橡皮管打我，这种痛苦的体罚再加上他强硬的态度，使我倍感压力。

14 年前在墨西哥的一次经历揭示了我童年遭受的体罚使我如何深受折磨。我拜访了一名身体治疗师，他能够通过按压身体的某些特定部位，激活人们在六到十岁期间经历的痛苦事件，并将由此释放出的能量通过抚摸疏导出来，从而使那些紧张通过最终的按摩得到放松。在此治疗过程中，我记起的疼痛和内在伤害非常强烈，使我甚至连续哭了两个小时之久。在那之后，我花了两天时间才恢复过来，并在内在重新回到我母亲那里。我从没想过我的童年经历对我会产生如此大的影响。

而另一方面，我的父亲在我想要的一切上都竭尽所能地支持和资助我。不和妈妈一起，他单独带我一起去听歌剧、音乐会，参观博物馆，还和我一起游泳和骑自行车旅行。他还鼓励和督促我努力练习小提琴演奏。他暗中希望我成为一名音乐家，这样我就不必像我的祖父和他那样从事繁重的工作。他对我想成为神父的愿望表示怀疑，因为那更符合我母亲和她父母的意图。另一方面，我的父亲虽然也信教，但并不深受教会的影响。

几十年后，我已经开始转向心理治疗时，遇到了斯坦利·凯勒曼

（Stanley Keleman），他是形成心理学（Formativen Psychologie）的创始人，在加州伯克利市精力研究中心（Center for Energetic Studies）担任主任。在一次谈话中，我抱怨父亲的严厉以及我认为的由此导致的艰辛童年。斯坦利·凯勒曼看着我，笑着说："但是你很强大。"那时我才发现父亲从他那里传给了我怎样的力量，以及他的严厉对我来说多么重要。从那一刻起，我与他深深地联结了。

我们有时会感到自己被触动了——当某个信息传达到心中时；当我们意识到自己走在一条带领我们离他人越来越远而不是走向他人的道路上时；以及当我们朝向自己或他人回归的时候。

当然，我们的父母都有缺点和弱点。从我们今天的角度来看，他们做错了一些事情。现在想象一下，假如一个人拥有理想的父母，各方面都理想，一切都进行得很好，这个人在一生中会一帆风顺吗？有时恰恰是那些让我们承受巨大痛苦的错误和挑战，会赋予我们特别的力量——前提是我们能够包容它们。

对此人们可以练习。看向自己家族中发生的一切，您会看到你想排除什么，您想抛弃什么，您会发现这样做时，您将变得多么匮乏。

现在，采取相反的方式。如其所是地看向所有的一切，然后说："是的。就是这样。我原原本本地接受一切。现在，我将在这基础上做一些事情。我从中学习并获得力量。"

现在，您可以想象一下某个来自理想家庭的人的感觉。他能与别人共情吗？他会充满慈悲吗？亦或，他是与鲜活的生命隔绝的？

如果现在他看向自己和有过沉重经历的其他人——他对其他人能有多少共情？他能够拥有更多的力量去支持他人和爱护他人吗？

1933 年 1 月 30 日，这一天的科隆又湿又冷，人行道上堆着残雪。德国总统保罗·冯·兴登堡（Paul von Hindenburg）任命希特勒为总理。这则消息于当日中午十二点在广播中宣布。报纸号外销售一空，许多人聚集在新市场广场。我的父亲在傍晚时走进家门，对母亲说："希特勒成了总理。"我的父母都很沮丧，他们预感到通向纳粹专政的道路已经没有障碍了。当时的我对父母的反应感到惊讶，并问道，为什么所有人非常欣喜，而只有他们如此。我父亲回答说："所有现在欣喜若狂的人们迟早将意识到我们会发生什么，会付出多少代价，不过，为时已晚了。我很害怕，真的很害怕。"

尽管纳粹党在 1932 年 11 月 6 日举行的国会选举中表现不佳，但褐色幽灵不久就会消散的希望还是破灭了。当天傍晚已经有醉酒的纳粹冲锋队员在科隆的大街上咆哮而过，迫使路人行纳粹礼。第二天，就有一支棕色的乌合之众举行了从德依茨到鲁道夫广场的游行，并在会展中心举行了主题为"德意志神圣时刻"的集会。科隆居民态度冷淡地观察着这些事态，并评价他们的行径是轻率的举动。但不久之后，许多人都被纳粹分子鼓动。在接下来的几周内，数以百计的科隆共产党人和社会民主党人被纳粹冲锋队绑架、虐待和杀害。而所有这一切发生在警察的默许甚至参与之下。早在 1933 年 4 月 1 日，城市管理层已要求人力资源部门对所有犹太人进行身份登记，这一指令甚至比 1935 年才通过的《纽伦堡种族法》还严格。

我的父母凭借着他们坚定的信仰没有接受纳粹主义的诱惑。尽管受到很大的压力，我父亲依然在整个纳粹时代都拒绝加入纳粹党。这需要最大的勇气！

我记得在政权过渡几周之后的一个星期日，我的父母想和我们这些孩子一起去贝尔吉施地区（科隆郊外的丘陵地区）郊游。早弥撒结束之后，我们在等有轨电车。一个纳粹冲锋队员过来对我父亲评头论足。我不知道父亲如何回答了他，但一定是激起了那个纳粹冲锋队员的怒火。他对我父亲咆哮并想要逮捕他。他是有权逮捕别人的。因为普鲁士内政部长赫尔曼·戈林（Hermann Göring），也就是普鲁士的警察总长，在权力交接之后，曾短期地委派纳粹冲锋队为国家"辅助警察"。

幸运的是，在这个危险的时刻电车来了，我们很快地上了车。司机立即关上车门，开车离开，但是那个纳粹冲锋队员骑着他的自行车咆哮着追逐我们。司机经过后面几站时没有停车，直到甩掉了那个纳粹冲锋队员，乘客们纷纷鼓掌称快。但民众的这种态度却不能持续很久。

1936 年对我来说是转折性的一年。我走上的这条道路决定我半生的历程，而当时我却浑然不觉。小学的四个学年结束之后，我转入了阿洛伊西亚努姆（Aloysianum），那是 1910 年在美因河畔洛尔成立的玛丽安西勒尔（Mariannhiller）传教士教育机构和寄宿学校。我母亲的一位熟人是这个罗马天主教男性组织的成员，该机构主要负责在非洲的传教事务。她认为，进入这所寄宿学校能够为我渴望的神父职业做好充分的准备。虽然我父亲起初犹豫不决，但还是遵从了我母亲的决定，并同意支付费用。

为了我在寄宿学校的住宿，母亲收拾了一个巨大的箱子，我提着它时都会拖到地板上。在科隆火车站，她把我带上火车，然后简单地同我道别。我就这样一个人踏上了通向新生活的旅程。在旅途中，我的情绪十分矛盾：一方面是忧虑、恐惧和绝望；另一方面是快乐、兴奋和期待。从某种意义上说：终于！幸好火车上还有其他孩子分散我的注意力，使旅途变得有趣。

阿洛伊西亚努姆成为了我的新家，同时我也在当地的弗朗茨·路德维希·冯·埃塔尔拉丁语文理中学读书。这所学校以曾任维尔茨堡主教的弗朗茨·路德维希·冯·埃塔尔命名，他于1730年出生在美因河畔洛尔，在巴姆博格教区拥有侯爵封号。教会机构没有自己的学校。尽管20世纪30年代初是经济大萧条时期，到1933年为止，住宿在阿洛伊西亚努姆的学生仍多达150名。但希特勒上台后，由于纳粹党政权对修道院教育机构的歧视，学生人数有所下降。

在我的脑海中，直到今天仍然可以看到那所学校三座受到巴洛克风格影响的横向三层楼建筑；光线充足的走廊；青春派艺术风格的玻璃窗；带有铁艺栏杆和光滑木质扶手的楼梯；带有洋葱形穹顶的学校专属教堂。阿洛伊西亚努姆使我感到宾至如归，如鱼得水。

对我来说那是美好的时光。我从不想家。因为在这个不同的世界中，我拥有比在父母的家更多的机会和自由。最重要的是：我终于不再挨打！

神父和修士们都很好，他们喜欢我们并且极力地支持我们。那里给我们提供很多项目：体育、远足、音乐课、戏剧表演，还可以使用一座很大的图书馆——我们总是很忙，从不会感到无聊。在那里，我学会了拉小提琴，成为室内乐团的一员，并在合唱团里唱歌。去寄宿学校学习真的是父母送给我的一个大礼物。

在寄宿学校的第一年，我就已经知晓阿洛伊西亚努姆对我来说的意义。那是在一个夏日，我和朋友一起去美因河畔游泳。在河岸上，我们找到了一块大木板，像坐在筏子上面一样坐着它在河里漂流，但这样做是被神父们明令禁止的。突然，我看到我最喜欢的老师站在岸边。他也发现了我们。尽管我们立即结束了"木筏之旅"，但我们还是被他召去谈话了。他告诉我们，如果我们发生了什么事，我们的行为可能会使他陷入极大的麻烦，因为寄宿学校是要为我们的福祉和安全负责任的。他将在接下来的五天内考虑是否将此事告知我们的父母，那意味着我们将被寄宿学校开除。

接下来的日子对我来说就像是地狱。我面临着危险，可能失去那刚刚开始的，如此美好、让我如此快乐的一切的危险。五天后，我们又被叫到老师那里。他的话使我获得了救赎：不会通知父母——前提条件是，我们要保证永远不再进行那样的冒险。那是我当时所度过的短暂一生中最快乐的一天。老师的反应还向我展示了另一件事，这件事使我充满快乐：我感受到，老师爱我，我也爱他。

就像在我父母家里一样，在寄宿学校里，我处于一个在纳粹意识形态面前保护了我们的安全地带。那使我们这些生活在那里的年轻人与其他年轻人不同。我们之中没有一个人去参加少年队（德国纳粹时期由十四岁以下男孩组成的少年纳粹组织）或希特勒青年团（纳粹青年组织）。因此，我们几乎与那个体系没有任何瓜葛。

但在1938年，阿洛伊西亚努姆也感受到了纳粹国家的残酷行径。1938年3月13日德国军队进军奥地利后，希特勒在一天后签署了《奥地利与德国重新统一法》。公民投票定于4月10日举行。投票在前奥地利和所谓的"旧帝国"即德国共同举行。投票宣传中说："不要由于漫不经心而使任何一票变得无效。因此，一定仔细了解之后再进行选择。您的选择应该落在上面写着'是'的那个大圆圈中。"

但是，一些寄宿学校的神父和修士以及一些在厨房工作的修女并未遵守那些宣传而投了反对票。他们的举动被某些人注意到了。当天晚上，多名纳粹突击队员在一次火炬游行之后聚集在阿洛伊西亚努姆前面，并在房屋墙壁上用大写字母涂写"叛徒住在这里""我们投了反对票"。然后他们投石打碎了大约200扇窗子的玻璃，连我睡觉的宿舍里都飞进了石头。第二天，寄宿学校的校长和教务长被"保护性拘留"。"保护性拘留"这种程序不受司法控制，常被用于对付反对政权的人。这些人在被"保护性拘留"之后，等待他们的通常是一段长时间的苦难，最终常常在集中营被杀害。

对于我们这些学生来说，从这一天开始放假。我们回家待了两个星期。

在随后的几年中，我也在阿洛伊西亚努姆见证了纳粹统治的疯狂。这一切都始于著名的 1939 年 9 月 1 日，当时，希特勒在国会大厦宣布："从 4:45 开始，反击开始了。"随着对波兰的攻击，第二次世界大战爆发了。这场战争夺走了近六千万人的生命。两天的政策性等待之后，英法对德国宣战。早在 1938 年，纳粹党领导人就已经开始通过一个秘密计划疏散边境地区的居民。这一切对阿洛伊西亚努姆有着严重的影响。

早在战争开始前两天，当局就已经为疏散措施做了第一次准备工作。

不久之后，地方管理部门获知，预计会有数目惊人的难民到来。这些难民主要来自所谓的"红色区域"。这是一条 20 公里宽的边界地带，在莱茵河左岸从埃菲尔（Eifel）一直延伸到莱茵河下游的卡尔斯鲁厄（Karlsruhe），并从那里覆盖到莱茵河右岸至瑞士边界的边界地带。1939 年 9 月 3 日，称为"被遣散人员"的当地居民收到了关于要求"清空居住区"的军事命令。这一方面是为了保护他们免受战争威胁，另一方面是为了确保国防军的机动性。每人只被允许携带三十公斤的行李。离开后房屋不允许上锁，所有牲畜都必须留下。

"被遣散人员"都被安置在当时德国的内陆地区。我们的阿洛伊西亚努姆也牵涉其中，建筑的下层部分都被征用为集体宿舍区。将近一年之后，在法国战役结束和贡比涅停战协定[1]签署之后，这些"被遣散人员"才得以返回家园。

但即使在那之后，纳粹仍然把阿洛伊西亚努姆用于自己疯狂的目的。在1940年，它成为了安置东部德意志人的一个迁移者安置营。

在第二次世界大战开始时，希特勒就明确表示他正计划在欧洲实行新的秩序。在1939年10月6日德国国会大厦前的讲话中，他宣布将在东部和东南部进行"国家土地整理"[2]。在"帝国家园"[3]的名义下，纳粹计划建立一个大德意志帝国。

为此，德裔移民和侨民被要求返回纳粹德国境内。这涉及来自波罗的海国家、比萨拉比亚、沃伦、布科维纳、多布鲁亚、克罗地亚和塞尔维亚，甚至南蒂罗尔的约五十万人。

这次迁徙的先决条件是苏德两国于1939年达成的协议，它规定了东欧的哪些地区归属苏联。这些迁徙者在被德国占领的波兰、波西米亚和摩拉维亚保护国以及下施泰尔马克获得土地作为补偿。

---

[1] 指法兰西第三共和国与纳粹德国于1940年6月22日在法国贡比涅签订的停战协定，标志着法国向纳粹德国投降。——译注

[2] 指二战波兰战役结束后，纳粹德国将原为波兰领土的但泽、西普鲁士等地并入德国。——译注

[3] Heim ins Reich，指纳粹德国的一项政策，号召所有德意志人应该生活在同一个国家，所有德意志人生活的土地都应该并入德国，纳粹德国以此为发动侵略战争的借口与舆论基础。——译注

甚至在入侵苏联之前，波兰人和犹太人就被驱逐出为"德意志民众"（Volksdeutschen）保留的地区，或者被关在犹太人区。

该迁徙政策与大屠杀紧密相关。例如，阿道夫·艾希曼（Adolf Eichmann）对一系列犹太被驱逐者执行了简称为"为立陶宛德意志人清空"的行动。自 1939 年 12 月起，艾希曼担任党卫队国家安全部 IV D 4 "移民与驱逐"部门（1941 年 IV B 4 "犹太事务和驱逐事项"部门）的负责人，参与谋害了约 600 万人。最后，海因里希·希姆莱（Heinrich Himmler）自 1943 年起就任德国内政部长，他是纳粹大屠杀的主要负责人之一，于 1939 年 10 月被任命为德意志民族团结国家专员（Reichskommissar für die Festigung des deutschen Volkstums, RKF），负责"帝国家园"计划。

还有数万的移民被带回了本土，与之前得到的承诺相反，他们大多不得不生活在难民营中。为了安置这些人，当局首先没收了天主教堂的设施。约 400 名不同血统，不同文化和信仰的人在阿洛伊西亚努姆找到了栖身之所。

我们当时只有 55 名学生，留给我们的只有一片睡觉用的地板。1941 年，纳粹最终下令关闭寄宿学校。对我来说，是时候该回到父母家了。

这期间，我们全家已经搬到了卡塞尔，我父亲在那里的一家军械厂工作。我就读于 1779 年成立的弗里德里希文理中学，那座城市最传统、历史最悠久的中学。格林兄弟曾于 1798 年进入这所学校读书。最著名的校友是普鲁士的威廉王子，也就是后来的威廉二世（Wilhelm II）皇帝，从 1874 年开始在这里就读，并于 1877 年完成高中学业毕业。

就像美因河畔洛尔的弗朗茨·路德维希·冯·埃塔尔文理高中一样，弗里德里希文理高中对拉丁语教学非常重视。这对渴望在将来成为一名神父的我来说尤其重要。直至今日，拉丁语仍然是梵蒂冈的官方语言之一，即使它正逐渐退出并被意大利语所取代。直到 1962 年至 1965 年举行的梵蒂冈第二次理事会，教庭才作出废除拉丁文作为官方礼拜语言的决定。

在新家中，我再次遇到了纳粹当局的反对者。弗朗茨·约瑟夫·乌尔梅林一家人住在我们旁边，我与他们家的儿子建立了亲密的友谊。从 1931 年起，虔诚的天主教徒乌尔梅林一直担任卡塞尔省政府的地区议员兼财务主管。在当时，他是希特勒上台后一直拒绝加入纳粹党的少数官员之一。由于政治上的不可靠，他于 1939 年被迫退休。德意志联邦共和国成立后，他成为阿登纳政府的第一任总理府主任，并于 1953 年至 1962 年担任家庭事务部部长。在战后的德国，人口多的大家庭最为熟悉乌尔梅林。因为他引入了那种打折的火车旅行，德国官方将其称为"为多子女家庭提供打折的证明"，通常简称为"乌尔梅林优惠"。

在乌尔梅林的家中经常出入许多耶稣会成员。他们讲话和讨论的方式，他们的世界主义思想和横溢的才华，渊博的神学和哲学学识以及他们的纪律性给我留下了深刻的印象。与其他修会不同，他们不穿修士服，也不在修道院中隐修。他们不是传统意义上顺从的信徒，他们中的每个人都是独立的。我非常地尊重他们的自由精神。耶稣会成员至今仍然被天主教会视为知识先锋，这并非没有道理。

那时，他们的魅力对我很有益处，因为他们是与纳粹相悖的。在纳粹时代，他们被认为是"人民的害虫"。许多人被禁止布道，被关押在集中营中，甚至被杀害。

我对耶稣会成员的敬佩如此之深，以至于我曾考虑成为他们中的一员。但是有件事情阻止了我这样去做：许多耶稣会成员必须当教师——我无法想象自己这么做。若要在学校教几十年书，我不必加入任何教团，也不必成为一名神父。当时的我是这样想的。做神父的话，我更喜欢去玛丽安西勒尔。但是生命常常出人意料，越是你不愿意或者无法想象的，越可能在生命中发生。那时的我怎么也想不到，我会到南非去当教师。

当时我还加入了一个被禁止的天主教青年团体，那个团体显然已经被盖世太保盯上了。他们周期性的集会都是秘密举行的。纳粹青年团成员不断地造访我家，要求我去他们那里服务，而我的母亲总是声称我不在。但是，到了一定的时候，我的缺席对我的家人构成了迫在眉睫的威胁。我只得应父母的要求，每两周一次在纳粹青年团的管弦乐队中拉小提琴。

1943 年，也就是高中毕业的前一年，我结束了高中七年级的学习。早在 1936 年，高中的学制就减少到了八年。这样做是为了使德国国防军能够提早从毕业生中挑选候选人以尽快补充军官队伍。像我的其他同学一样，我被征召参加劳动服务部门。同年，弗里德里希文理高中在空袭中被炸弹击中并烧毁。随着高中学业的结束，我的青少年时期也结束了。我面临的是充满惊骇与亡命、饥饿与悲伤的年代。

第二章

劳务和士兵生涯

　　七年级结束以后，我们所有人都开始了国家劳动服务，我和我的同学们由卡塞尔的北黑森第二十二劳动营负责。这个劳动营的徽章是橡树树枝，象征着黑森州的森林财富。

　　劳动服务不是纳粹德国统治者的主意，这是他们从保加利亚"偷"来的。

　　作为德国的伙伴，保加利亚是第一次世界大战的战败国，随后不得不裁减军队，并面临严重的经济危机。早在 1920 年保加利亚就实行了强制劳动服务，每年约有 30% 的人口在没有报酬的情况下被强制要求从事非营利工作，特别是在道路建设领域。通过这种方式，失业者被从街头赶走，必要的项目得以低成本地实施，年轻人也被教育成为忠诚的公民。保守的德国政客和经济学家以及左翼中间派人士，都饶有兴趣地关注了保加利亚如何实施该计划，并大声呼吁在本国将其推行。

　　但是，直到 1935 年 6 月 26 日，德国国会才颁布了《国家劳动服务团法》，这使该组织成为经济领域的重要工具，并且在某种程度上也成为了纳粹意义上的教育工具。最初只有十八至二十五岁的年轻男性被要求进行为期半年的工作服务；随着第二次世界大战的开始，这项规定扩展到了女青年。尽管这项法律适用于所有青少年，但第 7 条排除了"非雅利安血统或已嫁给非雅利安血统的人的公民"。尽管如此，如果相关组织中仍然存在"值得防备的非雅利安人"，则明确禁止他们担任上级职位。

尽管在 1935 年的法律中明确指出，国家劳动服务团"为德国人民提供光荣的服务"，并且"以国家社会主义的精神教育德国青年关于民族和正确的工作观，首先是对体力劳动给予应有的尊重"，劳动服务最初仅限于一般的非营利性工作。从 1938 年开始，它也被用于军事援助服务，例如西线战壕的修建以及战争开始后的预备军事训练。在战争的最后阶段，它的成员甚至被组成了小型的军队，即所谓的国家劳动役师。

在纽伦堡战争罪行审判中几乎没有提及国家劳动服务团，它也没有被列为"犯罪组织"。只有国家劳动服务局领导人，后来的国家内阁不管部长（Reichsminister ohne Geschäftsbereich），康斯坦丁·希尔（Konstantin Hierl，1875—1955），在 1948 年的去纳粹化进程中作为"主犯"被判处五年的劳动改造。

劳动服务在劳动营中分团组和部门进行，除此之外还有一个类似于军队的等级结构。当然，制服也是少不了的。我们的制服剪裁得类似于陆军制服，但不是灰色而是棕色的，在左边袖子上镶有纳粹十字标志和劳动服务团的徽章——由两个麦穗包围的一把铁锹。这一切象征着士兵、农民和工人，用纳粹术语来翻译就是鲜血、土地和责任感带来的纪律和收获。这个组合代表着纳粹标准的人类教育目标。特别值得注意的是着装制服的头盔，这是一种独特的礼帽和便装帽子的混合体，被戏称为"带手柄的屁股"。

与军队一样，未经许可，不准离开部署区域。但是有一天我偷偷溜走了。我太想念我的父母了，想至少拜访他们几个小时。我很幸运，没有人注意到我的缺席，不过就算有哪个伙伴注意到我，他也是不会出卖我的。

尽管如此，我依然处于一个危险的环境中。在我去劳动服务的第一天，一位上级在晚上特别找到我，与我谈话。他很巧妙地谈到了黑格尔和尼采。当时十七岁的我并不了解很多，但是对于这两位哲学家我还是了解一点的。我仍然清楚地记得那位上级的原话："黑格尔预见了今天国家的状态。"我回答说："黑格尔憎恨这个国家。"于是他断章取义道："憎恨这个国家的是您。"在那一刻，我明白了，这不是一次正常的谈话，这是一次审讯。我后来了解到，这位上级是盖世太保。

这次谈话的后果我是在一年之后才感受到的。那期间，我应征加入国防军。像所有在战争中服役的高中生一样，我的最后一个学年也获准免修。通常我应当收到邮寄给我的高中毕业文凭。要拿到这个文凭，需要一张劳动服务团的表现证明。但是我的这张证明上写着："他是潜在的人民害虫。"这意味着：如果德国赢得了战争，我将被拉去执行枪决。而就目前而言，我还可以被充作炮灰。但是他们拒绝发给我高中毕业文凭。

我能够拿到那张文凭，要感谢我的母亲。她像一头雌狮一样为我而战斗。她毫不犹豫地找到高中校长，对他说："我儿子目前在国防军。他冒着生命危险。而诸位拒绝发给他高中毕业文凭？"校长也非常受不了这整个情况，是的，他真的很惭愧，最终将文凭交给了我的母亲。

我当时作为步兵驻扎在法国的西部阵线上，那意味着投入战斗。我们的装备包括钢盔、包了铁的皮底行军靴、M30 防毒面具、背包和步枪或冲锋枪。

那是一段伟大的充满着死亡的时光，不仅在前线，后方也是如此。许多战友在我身旁牺牲或者重伤。当时的一个连队只有六七十名士兵，投入战斗八天后，可能仅仅剩下二十人。其他人不是牺牲、受伤就是被俘了。然后就会重新组建一个连队，投入战斗，八天之后又只剩下二十人了。如此一直继续下去。那些刻骨铭心的经历，在战争中，仅仅是正常生活的一部分，几乎没有悲伤的余地。

每一个连队都是一个集体。战友们彼此依赖，彼此需要，彼此尊重，彼此息息相关。只有伟大的战友情谊，没有阶级差异，所有人都是平等的。对我来说这是全新的体验。战争爆发前，高中生们常常混在一起。而现在，在战场上，所有的教育程度都统一了。在这里，在生死关头，学校的毕业证书已经算不上什么了。对我来说，这是一次了不起的经历，我看到了每个人都如此地不同，每个人在战前都有那么不同的经历。而现在，人们团结了起来，彼此紧紧相依。

我们还有一些事情是一致的：我们所有人都没有了青春，是希特勒和他的那些好战分子偷走了我们的青春。没有自我发现的空间，这种自我发现对于我之后的青年一代来说是那么地重要。有时候，我觉得，这一代人与我们这些没有青春的人，是莫名其妙地联结在一起的。仿佛他们正在通过自身对生活的喜悦和热情，弥补我们错失的一切。学生革命和社团组织，甲壳虫和滚石乐队，"权力归花"反战运动和嬉皮士运动——所有这些都像飓风一样席卷社会中的规则、规范和禁令，并且几乎遍及全球。我的天哪，"想象一下，这是战争，没有人去参与"这句口号离我们这一代有多么遥远。我们是杀人者，我们当中很多人都死去了。我一半的同班同学死于第二次世界大战。那时，这一点也不稀奇。我感到自己被卷入了一桩无法逃脱的事情。同时，又有一股不可思议的秘密力量支配着我，使我不断地面临生命危险。今天的我有时仍然感到惊讶，我当时是如何安全地摆脱各种困境的。我经常命悬一线，与死亡擦肩而过，例如，有一次我们不得不穿越雷区，因为除此之外我们没有其他可能获救的方法。

死亡始终在身边徘徊，随时可能被枪杀，人们永远不知道自己是否能在某次战斗中幸存下来。如果顺利，就松口气，喘息一下。所有的一切都集中在每一个当下。死亡无处不在，即使人们充满恐惧，该到来的还是会到来。这种与死亡的接近和濒死至今仍然离我很近，为我所熟悉。它消除了我关于死亡可怕的想法，使我获得了对自己的死亡的认同。同时，这种与死亡的接近使我的生活更加紧凑——这是大多数从战争中幸存的人们共享的一种经历。他们共同有着一种特殊的力量，有着一种对于自己生命的认同。否则，那些劫后余生的妇女们从哪里得来的力量，在恐怖轰炸之夜过后，在残垣断壁的瓦砾和砂浆中寻找敲打出作为建筑材料的石块和砖头？那些战争后的返乡者们从哪里得来的力量从一穷二白中建立新的生存家园？

人们也在他们的命运、使命和苦难中获得力量。此外，似乎最重要的是，一直以来与他们联结在一起的人们，就像他们周围看不见的一个圈子，赋予他们重要性、力量和博大。例如，大屠杀的幸存者似乎被那些曾经与他们命运相联结的死者包围着，如同当下与他们同在的一种沉默的力量。而这样看来，那些幸存者，在他们还活着的时候，也属于死者，因为他们在自己的内在铭记着那些死者。而作为记忆，他们也使我们想起那些强大的、黑暗的现实。在幸存的战士们身上我们也看到类似的情况。他们也与许多死者联结在一起，被死去的战友以及死去的敌人包围着。

与我相关联的是：如果不是从这种濒临死亡的经历中获得了力量，我是如何做出那些为人们所反对，却决定我未来一生的决定的？

我写过很多故事，其中一个是关于临近死亡的：

客人

某个遥远的、荒凉的野外，曾经被称作"狂野西部"的地方。

有个人背着背包走过辽阔的、荒无人烟的旷野。经过数小时的跋涉，当太阳正午高挂之时，越来越渴的他看到地平线上有一间农舍。"谢天谢地！"他想，"在这片孤独中终于能够遇见人了。我可以进去找主人要点水喝，也许在我再次上路之前，我们还会坐在门廊上聊聊。"他想象着那美好的画面。

然而，当他走近时，他看到房子前面的院子里忙碌着的农夫，他感到犹豫起来。"他可能还有很多工作要做，"他想，"如果我说出自己的请求，也许会打扰他吧，农夫可能会觉得我太不知羞耻了。"当他走到院子门口时，他向农夫挥挥手，就走了过去。

而农夫从很远就看到了他，并且很开心。"谢天谢地！"他想，"终于在这孤独中又遇见一个人了。希望他来我这里，那样我们就能一起喝一杯，也许在他继续出发之前，我们还会一起坐在门廊上聊聊天。"农夫就走进屋里去冰镇饮料。

当农夫看到陌生人走近时，他也开始犹豫。"他肯定在赶时间，如果我说了自己的愿望，肯定会打扰到他，他可能会认为我在强迫他。如果他真的口渴的话，他会自己来找我的。最好是，我去房子前面的院子里，假装我很忙的样子。在房前的院子里他肯定可以看到我，如果他真的想来找我，他会说出来的。"最后，当那个路过的人只是挥了挥手就继续前行时，农夫自言自语地说："真可惜！"

那个陌生人继续前行。太阳升得更高，他越来越渴。等他再次看到地平线上的下一座农舍时，已经过了几个小时。他对自己说："这次我要进去找农夫，不管他是否讨厌我。我太渴了，我需要喝点东西。"

这个农夫也从远处就看到了他，并且想："希望他不是到我这里来的，我现在可没有时间。我有这么多工作要做，没有办法照顾别人。"他继续工作，头也不抬。

但是陌生人在田野里看到了他，走近他，然后说："我非常口渴。请给我一些喝的吧。"农夫想："我现在不能拒绝他，毕竟，我是一个人。"他把那个陌生人带到他的家里，给他喝的。陌生人说："我看到了你的花园。能看得出来，在这里工作的是一个非常有知识，热爱植物，知道它们需要什么的人。"农夫说："我看得出，你也是懂这些的。"他坐下来，他们谈了很长时间。然后外地人站起来说："现在该是我离开的时候了。"农夫反对说："太阳已经落山了。今晚住在我这里吧，明天在你出发之前我们还可以坐在门廊上聊天。"陌生人同意了。

晚上，他们坐在门廊上，广阔的土地在晚霞的映衬中焕然一新。天黑的时候，陌生人开始讲述当他意识到他的一举一动都有人陪伴之后这个世界的变化。起初他并不相信有一个人始终与他同在，与他同坐同行。他需要时间去了解这个始终与他同在的是谁。"我的这个始终如一的陪伴者，"他说，"那是我的死亡。我已经习惯了他，再不想失去他了。他是我最忠诚的、最好的朋友。当我不知道什么是正确的以及如何继续的时候，我便会停下一阵，向他请教答案。我全然地开放自己，面对他。我知道，他就在那里，而我在这里。当我不再被自己的愿望锁住时，我期待，从他那里得到一个启示。当我集中自己，勇敢面对他时，一段时间后，我得到来自他那里的一句话，如同划破黑暗的闪电，使我清明。"

农夫不明所以，他沉默着，长久地看向那静夜。于是，他也看到了陪伴着自己的、他的死亡——农夫向他鞠躬。就好似，他剩余的生命发生了变化。同转瞬即逝的爱那样珍贵，亦如同爱那样可以使一切充盈。

第二天早晨他们一起吃饭，农夫说："即使你离开，有个朋友也会留在我身边。"然后他们在旷野中道别，相互握手。陌生人又踏上他的旅程，农夫回到他的田地。

在第二次世界大战的最后阶段，西线与东线同是最重要的战区。1944年6月6日，盟军在后来的美国总统德怀特·D. 艾森豪威尔（Dwight D. Eisenhower）的指挥下登陆诺曼底，并解放了法国和比利时。由于盟军最初未能进军德国，因此前线暂时稳定在西部防线。西部防线的主线位于亚琛以东，只有四个师，约有一万八千人，以及由马克西米利安·莱希尔上校统领的，包括我在内的驻军。

1944年9月12日，美军第7军越过德国边界。10月初，美军第19军进攻亚琛。约一万三千名国防军士兵和五千名缺乏训练且装备不足的民兵面对着装备精良的美军士兵。经过激烈的战斗，德军于1944年10月21日投降。对方死亡两千人，三千人受伤；德方死亡四千人，两千人受伤。每三名德国士兵中就有一名牺牲或受伤。而我，在亚琛的激烈战斗中毫发无损地幸存了下来。幸存者们成为美国的俘虏，我也是其中的一员。

我和其他一千六百名战俘被一起拘禁在比利时沙勒罗瓦的一个营地。这是一个遍布大量铁轨的巨大的美军补给仓库。我们每天必须从事 10 个小时重体力劳动。在我被囚禁的一年中，我们装卸了大约一百万吨粮食的补给，这些补给被火车运往目的地。在占领亚琛之后，艾森豪威尔和他的部队向鲁尔河防线进发，该地区包括溯鲁尔河流向而上、向东部延伸的多个城市。1945 年 1 月至 2 月期间，这支部队设法突破了防线并向北推进。

营地里的给养伙食非常恶劣。在艾森豪威尔的特别命令下，我们每日的口粮减半。因为，在盟军发现纳粹在集中营内的罪行之后，艾森豪威尔下令将德国战俘作为解除武装的敌军对待。苏军分别于 1944 年 7 月 23 日和 1945 年 1 月 27 日解放了迈丹尼克集中营和奥斯维辛集中营，美军分别于 1945 年 4 月 11 日和 1945 年 4 月 29 日解放了布痕瓦尔德集中营和达豪集中营。这里只是列举几例。

艾森豪威尔的命令意味着我们不再受 1929 年《日内瓦公约》的保护，该公约规定了人道的待遇、住房和饮食。但是我们有权抱怨吗？几乎没有。因为究其所以，是纳粹有意识地饿死了数十万苏联战俘，并奴役数百万平民。

为了在营地中生存，必须偷取食物。靠着分配给我们的那点微不足道的食物，我们根本无法完成每天长时间搬运沉重箱子的工作。但是那些盗窃时被抓到的人，会遭受严厉的惩罚：三十天的禁闭，每天工作 10 个小时改为工作 12 个小时。到了晚上，五十个人挤在一个狭小的房间里，根本无法坐下，更别说躺下。每天的口粮进一步减少：早上五块饼干，中午四块，晚上五块。没有人能熬过三十天，他们大多数在十到十四天后就崩溃了。绝望之中，五位战友试图逃跑，但他们全部被抓，被枪毙在墙下。

当然我也偷取了食物——别无选择。我第一次被抓到时，仅仅过了五天就被从禁闭室放了出来。这对我来说是个谜。后来我又一次在偷食物时被抓。那是在冬天，惩罚措施变得更加严厉：首先被殴打，然后被逼着挖一个大坑。之后被剃光头发，关进一间没有窗户的营房。当然，夜里没有毯子。饮食只有面包和水。奇怪的事情又一次发生了：我既没有被殴打，也没有被剃秃。那时，我想："如果我能不被剃秃就放出去，那对我来说是个信号——我必须逃跑。"事情确实就应该是那样的。

当时，我身边总是有一名美国守卫转来转去，保护着我。这到底是为什么呢？我的战友们经常嘲笑这位士兵——大家都以为他不懂德语。"他是同性恋。"他们说，或者取笑他的红头发。我不喜欢那样，我一直要求我的战友们停止这种轻蔑和无礼的中伤。我总是告诫他们："你们不能那样说话。"

在别人面前傲慢的人，就会失去与那人的联结。他远离他们，他们也远离他。因此，傲慢使人孤独，傲慢使人怀疑。每个这样傲慢的人，都得小心，别人会拒绝他，会秘密地期待他从他的那个高处跌落，直到变得像他们一样。是的，他自己也正在暗中期待着自己跌落，因为他的灵魂也无法长久地承受这种傲慢。因此，他最终会犯下局外人无法理解的错误，而这些错误是与他的灵魂相契合的。我们不能长时间地忍受某种傲慢。其他人对此也无法长期容忍。然而，即使是那些谦卑地处于别人之下的人，也会失去与其他人的联结。在这种谦卑下，他们会感受对"符合基本人格高度的行为"的要求和拒绝。"真实的高度"以一种有益的方式约束着人们。因为，您以怎样的标准衡量别人，别人就也会以怎样的标准衡量您。

直到很久以后，我才从一个在战俘营里待了更长时间的朋友那里得知，那个"美国人"其实是一个德国人。因为是犹太人，他逃离纳粹去了美国，在 D-Day（登陆日）乘着一艘登陆艇冲上了诺曼底海滩，现在执行着看守他从前敌人的任务。毫无疑问，他不动声色地听懂了每个字。他发现了我在为他辩护，以及我对他的尊重。作为感谢，他照顾了我并保护了我。

当时约有一百五十万犹太人在盟军中作战，仅在美国人中就有约五十五万。他们中的许多人都是从德国流亡到美国的，其中包括许多名人，如作家斯蒂芬·海姆（Stepan Heym），大文豪托马斯·曼（Thomas Mann）的儿子——作家克劳斯·曼（Klaus Mann），以及"奇迹小姐"一词的发明者记者弗朗兹·斯佩尔曼（Franz Spelman）。

七天之后我就被从禁闭室放了出来，甚至没有受到审讯。我立即开始为逃生做准备，因为我确切地知道：现在很适合进行这一步，一年的监禁已经足够了。

在我的一生中，我常常毫不犹豫地做出重要的决定。每当这样的时刻，我都跟随内在的指引，对于自己的事情，我非常笃定。因为在那样的时刻，我总是很确切地知道：人生的这一阶段已经结束，为什么还要等待呢？

当新事物到来，旧事物就变老了。那么它就可以成为过去了。一旦对于我们而言旧事物可以成为过去，我们的目光就会朝向前面，并朝向前方移动。如果我们停止这移动，新事物也会停下不动。新事物就不再到来，而是远离。是新事物使旧事物成为“旧的”，新事物夺走了旧事物的时间和可能性。我们适应新事物的速度越快，旧事物就会越快地被甩下。旧事物被甩下，不会阻止新事物前进，不会阻挡新事物的道路。那么，旧事物完全过去了吗？由于有了新事物，旧事物的存在才有了价值。对我们而言，它曾经如此宝贵，如此有价值。只有当旧事物融入新事物，旧事物中的一部分保留在新事物当中，它才能继续在新事物中起作用。

某些东西一旦存在得太久，它就已经老了。旧的事物一直持续，就不会为新事物腾出位置。只有新事物能够停留一阵，旧事物才能在新事物中继续保留一段时间，而与新事物相比，只能是越来越少，不会越来越多。

新事物更新了旧事物。而所谓的新事物也只能在一段时间内替代旧事物，它自己也要让位给下一个新事物，而旧事物将在新事物中不断地延续。

当继续前进时，我们的目光朝向哪里，我们的移动又朝向哪里？经由旧事物朝向前方。因为，旧事物仍然存在于新事物中，仍然会存在一段时间。它与新事物一起，超越即将成为旧事物的新事物，进入一个一切都变得越来越新、越来越多的移动——而我们，就在这个移动之中。

我向我的战友们透露了要逃生的计划。我们是一群可以相互信任的伙伴。我们做了如下的准备：装载补给列车时，在一个车厢中为我搭建一个藏身之处，使人很难发现藏身其中的我。火车装载完毕后，我偷偷溜进车厢，躲藏起来。我的战友们把盒子和箱子围着我堆起来。我可以在里面站着或坐下，但不能躺下。战俘们还为我存了一点食物，使我在路上不必挨饿，但是没有办法解决我的内急问题。在那个黑洞中度过的时间使我受到了伤害，并且这创伤一直困扰着我直至晚年。在之后漫长的几十年里，即使是长途飞行，我也无法在飞机上放松自己。在机舱中，我感觉自己像是被关在我的那个藏身处。在很长一段时间中，我无法忍受漆黑的房间。直到我的妻子索菲在一次回溯中使我面对了这段过往经历之后，我才得以克服这个创伤。

不久就有人发现我失踪了，当然有人怀疑我躲在火车上的某个地方。到了晚上，我听到美国士兵在车厢中跑来跑去地寻找我。我听到他们说："有个该死的德国人藏在火车上的某个地方。"火车随后又在附近的编组站停了一天，我没有被发现。因为除了这个车厢以外，那里还有大约 200 个其他的车厢。最终，他们放弃了对我的搜索。没有人愿意为了找到一名德国囚犯而卸载整列火车，抓我这件事与那样做带来的消耗和所引起的补给运输的延迟当然不能相提并论。而且——他们也在想——我也可能是在其他某列火车上。所以，那列火车终于开动了。

火车从沙勒罗瓦到德国开了六天。其间，走走停停。我的战友们在我的藏身处留下了一个小缝隙，从那里我可以通过货车车皮上的裂缝望出去。火车停下时，我透过小裂缝看到了正在站台巡逻的一名美军士兵的眼睛——我们的目光相遇了。那个士兵继续向前走，我松了一口气，但我的放松并没有持续多长时间。几秒钟后，我听到那个士兵转过身来，他的脚步声再次接近我的藏身之处，停在我的面前。我凭直觉闭上了眼睛。那个士兵首先走到车厢的另一侧，打开车厢，挤进箱子与箱子之间的空隙。他希望这样能感觉到我的身体。幸运的是，掩护我的围墙太紧了。最终，那个士兵放弃了，车厢再次被关闭，火车继续行驶。

在维尔茨堡，火车在接近一处路障时慢了下来。我能听到押运火车的士兵们喝醉了，就试图从躲藏处出来。但是，一块木板和我上面的箱子太重了，我几乎无法移动它们。最终，我用尽全力挪开了那块木板，那个箱子掉了下来，我很害怕有人会听到。我打开车厢门，迅速扔出装有鸡蛋和奶粉的三个箱子，跳下火车。我悄悄地爬到落在铁轨上的箱子旁，将它们拖走。它们将是我再次见到母亲时给她的美好的见面礼。

不远处就是玛丽安西勒尔传教士修道院，在美因河畔洛尔的阿洛伊西亚努姆时，我曾经身处他们的监护之下。我逃到他们那里，他们立即搭救了我，给我新的衣服。这样我就可以脱下国防军的制服，在德国自由安全地行动了。

我的逃亡给了我一年半自由生活的时间。在我二十岁生日前不久，战争和囚禁对我来说已经结束了。由于德国已经战败，我在自己的家乡不再处于危险之中。否则，我这个"人民潜在的害虫"很有可能被判处死刑或被关进集中营。但是现在，我终于可以过上平安的生活了。

和平是前瞻性的。伤口被治愈，死者被埋葬，伤害得到修复，被损毁的得以重建。

一场战争的终结总会是和平。只有和平才能持久。无论我们在哪里参加战斗，以怎样的方式战斗，只有和平随后到来，斗争与冲突才能最终结束。双方都精疲力尽，因力竭而和平，因昏厥而和平。

因此，和平与边界相关。双方都到达了必须停止的极限。怎样的极限？精疲力尽。力竭和损失为和平做好了准备。

是否能够通过及时的洞见为这些边界做好准备或者避开这些边界呢？显然是不能的。

和平是一种宝贵的东西，同时，它也是一种脆弱的东西。是什么使它拥有永久未来？当彼此冲突的人们因为共同的目标联合起来，越来越需要彼此，越来越认可彼此，认识到他们是彼此相依的。

最与和平对立的是什么？傲慢自大，认为自己比别人强。那种自大，自大得好笑。这种傲慢自大尤其会加剧重大的冲突。

我从维尔茨堡去到卡塞尔我父母那里。当我突然出现在门口时，母亲吓了一跳。她不得不坐下，深呼吸，这才振作起来，说道："我以为你牺牲了，而在俄罗斯失踪的罗伯特会幸免于难。"所以，她一直在等着回到家中的，是他。也许，在她的潜意识里，我哥哥是她最喜欢的孩子。然而，现在，活着的那个人是我。

直到几年后，我才对我哥哥的死有了更多的了解。当参观我的出生地雷门时，我堂兄阿尔伯特的妻子告诉我："你能想到吗？阿尔伯特今天在墓地遇见了一个男人，他说，他曾经与一个叫海灵格的雷门人一起在俄罗斯被囚禁过。"我拜访了那个人，他证实，那就是我的哥哥。我哥哥去世时，他甚至就在旁边。

那个庞大的战俘营中幸存下来的只有二十个人，其他人几乎全部死于鲁尔河畔。我和我的父母又一起住了很短一段时间。在逃跑的六周之后，我回到维尔茨堡，接受了玛丽安西勒尔传教士的教职。一段新的、决定性的生命阶段开始了。

第三章

教会生活与神职授任

　　1946 年初，我以"见习"的身份进入维尔茨堡的玛丽安西勒尔传教士修道院，这个团体的神学院也位于那里。我被赋予了教名希伯特（Suitbert），在之后的一生中，我都在使用这个名字的缩写"伯特"（Bert）。

　　圣希伯特是一位盎格鲁 – 撒克逊传教士，本笃会修士和巡回主教，可能生活在公元 637 年到公元 713 年之间，人们对其出生和死亡年份有着不同的假设。他在大约公元 690 年来到弗里斯兰之后，最初在利珀河和鲁尔河之间的布鲁克特勒人地区取得了良好的传教效果。公元 710 年，他在杜塞尔多夫附近的凯撒斯韦尔特（Kaiserswerth）建立了一座修道院，并在那里做修道院院长直到去世，始终执行着严苛的极度禁欲制度。一百年后，教皇利奥三世将其封圣。我很高兴，这位圣人曾经就在我常住过的故乡之城科隆不远的地方传教。至于他还被认为是防止喉咙痛的守护圣徒这件事，对我来说不太重要。

　　那么，为什么我选择了玛丽安西勒尔传教士修道院呢？也许，在经历了战争的残酷之后，在频繁地面对死亡并且切身经历了濒临死亡之后，我想继续与我人生中至那时为止最快乐的时光重新联结，想要将那些恐怖的年头抛诸脑后，忘掉它们。那些最快乐的时光是我在玛丽安西勒尔传教士修道院神父们的监护下，在阿洛伊西亚努姆度过的寄宿生活。至今，我仍然对那些时光深深地眷恋。从我还是个孩子时起，我想成为神父的愿望就没有改变过。

玛丽安西勒尔传教士修道院是罗马天主教男性组织，起源于特拉普教派修道院。该修道院由奥地利修道院院长弗朗茨·普凡纳（Franz Pfanner）于 1882 年在南非的港口城市德班附近的小山上建立，供奉圣母玛利亚和她的母亲安娜。这就是玛丽安西勒尔——"玛利亚 – 安娜 – 西勒尔"这个名字的由来。

特拉普教派信徒遵循圣本笃教义的规则："Ora et labora"——祈祷和劳作！日常生活中贯彻艰苦劳作和严格秩序的规则，例如：生活中保持完全的沉默。

玛丽安西勒尔修道院很快就拥有了约三百名教士，迅速发展成为世界上最大的特拉普教派修道院。大多数修士是手工艺工匠，只有几个神父。一段时间后，修士与当地人接触，建立了学校，并向他们介绍农业生产的基础知识，越来越多的当地人受洗。从长远来看，成功的宣教工作无法与避世沉思的特拉普主义相结合。因此，教皇庇护十世于 1909 年通过法令将修道院与特拉普教派修会分开，为创立新的、独立的玛丽安西勒尔传教士修道院机构扫清了道路。

作为进入精神和灵修生活入门的"见习期"持续了一年时间。我的日程安排如下：早上进行半小时的集体冥想，然后做弥撒，还有多次唱诵祈祷以及穿插其中的我自己进行的冥想，除此之外还有神学讲座和报告。这种基督徒的冥想基本上涉及各种圣经经文。这种严格训练的目标是净化内在。从净化所谓"感官的黑夜"开始，将注意力从感官印象中移开，不让自己再因看、听和嗅分散注意力。练习完全专注于一个事物，最后得到灵魂的净化。这意味着放弃知识、好奇心和所有的追求。

一段时间之后，甚至不再祈祷。每天只是长达 16 个小时安静而专注地进入"空无"之中。这是"归中"，一个修士终其一生都在做这件事情，于"归中"获得深刻的洞见。一些隐藏的东西仿佛在内在的眼睛前被揭开，显示出其本质。在所有宗教中，都有人选择这条道路或被引向这条道路，这是人类的共同感知。

对某些人来说，20 岁的我走上这条路，似乎很奇怪。但是，我这一代人与后来的一代代人不具有可比性。我们经历了战争和囚禁，那种劫后余生，是通常只有七八十岁的人才有可能遇到的情况：许多关系亲密的人的死亡。战友和从前的同学——死了那么多，到处充斥着死亡的气息。记忆中那些曾经年轻，强壮和有趣的所有的朋友，几乎都永远地消失了。这一切为我们所有人打上了烙印，在我们的灵魂中留下了印记。可以说，我们已经提前衰老了。

许多在冰雹似的轰炸中或在前线受伤的人，直到年老仍然会在夜晚睡梦中大声呼救，噩梦连连。还有些人几乎受不了除夕夜焰火的爆炸声，不得不忍受那一年一度的重复创伤。但是，几乎没有人提起这些，让沉默帮助我们忘记吧。

因此，我怀着感激之情回忆起"见习期"的时光。对我来说，那样生活方式非常宝贵。在修道院生活的保护中，我的灵魂得到了疗愈，战争和死亡的画面部分地失去了影响力。高墙内，内心中深深的宁静与从容取代了濒临危险的恐惧。

从那以后直到今天，静思和沉默成为了我生活的一部分，冥想决定着一天的开始和结束。过去，在家时，对我来说，睡眠在早上五点就结束了。从早上七点半到晚上七点，除了用餐时间，我都坐在办公桌前。现在，由于年事已高，我才允许自己早上六点起床，然后我进行冥想，直到九点。早餐后，我向我们办公室的员工打招呼，与我的妻子索菲讨论需要办的事情，然后再冥想，直至一点钟午餐。晚上大约五点至六点的时间再进行一次冥想。

"归中"与"空无"是形影不离的。但是怎么才能进入"空无"呢？人们通过认可一切如其所是进入"空无"，这种认可是一种爱的移动，这种认可是对良莠之分的放弃。无欲，无求，无怨，无悔，例如：对愧疚无悔。这是对世界如其所是的认同。

"见习期"之后，我决定留在教会，定下了我的第一个有时限的"誓约"。这是一个和教会定下的初始为期三年的约定，是接受安贫、贞洁和服从的誓约。我的教会内部培训也开始了，我就读于维尔茨堡大学的神学和哲学专业。早上在修道院团体中进行过冥想和祷告之后，我就去上课和听讲座。

1950 年，我许下了"终身誓约"，我将在我的余生中与玛丽安西勒尔传教士机构永久地联结。1952 年，我被授以神父之职。第二年，我被送到玛丽安西勒尔在南非的教区，我实际上想在那里一直待到死。 然而，后来发生的一切确实是完全不同的。

第四章

在南非做传教士

去南非时，我对宣教工作的实际情况一无所知。一开始我也不必从事宣教工作，因为我被派往纳塔尔省会彼得马里茨堡的纳塔尔大学（Natal University）三年，在那里接受高等学校教师培训。在那里，我获得了全新的体验：在维尔茨堡大学，神学的地位非常独特，受到最大的尊重。而在纳塔尔大学，我只是大众中的一员，没有任何特权优待。

我的新家在玛丽安西勒尔传教士中心的修道院，位于印度洋港口城市德班以西 16 公里。在这个教区中居住的大部分是祖鲁人，他们之中大多数人已经接受了基督教信仰。祖鲁人属于非洲的班图族，是南非最大的族群。

传教士的工作不像通常人们认为的那样是要感召"异教徒"，而是要积极地进行文化传播工作。在种族主义的南非，黑人深受糟糕的教育和培训制度之苦。因此，玛丽安西勒尔传教士机构特别重视建立学校和农业教学。

原始祖鲁人从事游牧与畜牧业。但是，纳塔尔省的气候条件以及有利的土壤条件和水资源为农业生产提供了最佳的条件。甘蔗、腰果树和土豆，以及菠萝和香蕉的种植发展成为重要的经济因素。

传播信念与给予实际生活支持的工作在那里进行得相得益彰。

我所认识的南非是一个实行种族隔离政策的国家。尽管种族隔离在 20 世纪初期出现了改善的趋势，1948 年执政的南非国民党又以严刑峻法相威胁，把种族隔离提到了国家原则的高度。在公共汽车和火车上，黑人必须待在特别区域内，去医院或银行只能通过单独的入口进入。对他们来说，公园是像仅供白人使用的厕所和海滩一样的禁忌之地。白人与有色人种之间禁止通婚。

在纳塔尔大学学习三年之后，我被分配到一所学校任教。任教期间，我获得了大学教育科学专业教育学硕士的远程教育文凭。之后，我不得不接管了那所学校的领导工作，长达三年之久。但是教学和远程学业的双重负担超出了我的能力。我深受神经崩溃的折磨，无法入眠，无力为继。那是一段糟糕的时光，但它也有好的一面：我离开了那所学校。其实，我从不想做教师的工作。否则，我可能早就成为耶稣会成员了。

为了使自己放松，我去了一位荷兰同事的宣教站。他工作时我就陪着他，跟着他到处走来走去。于是在两个月内，我逐渐地康复了。在那之后，等着我的是一个新的任务：一个我自己的宣教站，对我们来说这相当于一个教区。它包括另外十个外围站点，每个站点有一所学校，所有站点都必须定期访问。我之前一直步行出行。因此，在一次放假回家期间，我筹钱为自己购买了一辆BMW 500 摩托车。但是我经常不得不在路途中下车推车前行，因为我总是要通过一些无路的地带。然后，不可避免的事情顺理成章地发生了——我推着摩托车跌倒了。幸运的是，我只是轻轻地撞了一下膝盖，但我的摩托车却摔得不轻。一个当地人救了我：他修理了我的摩托车，甚至还不愿为此收费。就这样，我很快就又可以上路去我的教区了。

当年，修道院创始人弗朗茨·普凡纳（Franz Pfanner）已经了解到这个地区不适合通行。最初，他想和三十名修士一起在邓布罗迪定居。这里实在太荒凉了，以至于他们在两年后踏上了返回欧洲之旅。

在 1882 年圣诞节的第二天，他们装载沉重的牛车陷进了泥里。前进已经不可能了。夜幕降临时，弗朗茨·普凡纳果断地决定："卸载！我们留在这里。在这里建造我们的修道院。"于是他买下了那片农场，玛丽安西勒尔传教士中心就是这样在那里建成的。

现在，那个必须在这个地区奋斗的人是我。但是，我得到了丰厚的回报。当我到达那个外围站点时，所有的基督徒聚集在一起迎接了我，我们一起庆祝，做礼拜。我总是待上一整天，然后又继续前往下一个外围站点。连星期天也做了计划：首先在主站进行礼拜，然后去临近的站点进行礼拜。

后来，我成为了大教堂教区的神父，那个教区约有一万名教徒。在一年之内，我亲自向教区内所有的家庭做了自我介绍。作为种族隔离的反对者，我总是受到欢迎，被尊重和喜爱。总的来说，信徒和神父之间充满着信任的联结。

我注意到，这里的基督徒比德国的基督徒更加自由和独立。许多人在与学校和教堂相关的计划上积极地参与工作，每个人在参与的时候都带着极大的尊重，这使我印象特别深刻。所有事情都会在会议上进行讨论并引起争议，直到找到解决方案为止，没有人会觉得丢了面子。在此期间，我学会了祖鲁人的语言，并在土著神父的帮助下写了赞美诗，赞美诗至今仍被那里的人们吟唱。此外，我还编写了一些材料，让人们更好地了解礼拜仪式。我非常关注信息的良好沟通。

我定期向德国的亲朋好友请求捐款，我的父母在这方面支持了我。不知什么时候，我甚至有了足够建造一座教堂的钱。我让人把高坛后面的墙壁涂成了钴蓝色，天花板上也涂了钴蓝色并镶嵌了金色的星星。

不仅天主教，新教的传教士也已经在该地区活跃了很长时间，所以大多数当地人都受了洗。人们很容易将基督徒与所谓的"异教徒"区分开来。人们能够从基督徒的更开放的面貌辨认出他们，而非基督徒则显得封闭，这是祖鲁人的迷信造成的。

祖鲁人认为，鬼神无处不在，无论是在动物、植物中，还是在水或者岩石的顶端，都屹立着"乌库鲁库鲁"，意为"伟大中最伟大的"。他的境界中生活着祖先们的灵魂，一切灾祸都归因于邪灵的影响或者是因为对祖先不够尊重招来的报应。除此之外人们还认为，坏事都是恶行带来的恶果。

这种迷信还有很奇怪的形式。就连霹雳这种在夏天并不少见的现象，都被认为是鬼魂愤怒的象征。根据古老的迷信，那些遭受雷击的人是遭受了报应，不可以传统的方式掩埋，甚至连哀悼他们也是不允许的。不允许吃被雷击的牛，不允许使用遭雷击树木的木材，连摸都不能摸一下。

在接下来的时期里，我的职责范围扩大了。教区中的所有学校都由我管理，还要对老师们进行继续教育。然而，在我看来，在过去的那几年里，我在南非所做的最出色、最光荣的工作是：我成为了玛丽安西勒尔传教士机构圣弗朗西斯学院的主管。这所学校是南非领先的原住民精英学校之一，成立于 1909 年。

学校的寄宿部分为男孩区域和女孩区域。后者由同样是弗朗茨·普凡纳院长创立的传教士修女会的女教众照管。圣弗朗西斯学院的许多毕业生在他们的职业生涯中都成为了成功的医生或教授、律师、法官甚至神父。圣弗朗西斯学院最著名的毕业生包括 1985 年至 1995 年津巴布韦的财政部长伯纳德·奇泽罗（Bernard Chidzero），著名的南非民权运动家和"黑人意识运动"的创始人史蒂夫·比科（Steve Biko）。史蒂夫·比科被捕后于 1977 年在南非的比勒陀利亚被南非警察杀害。

在领导圣弗朗西斯学院时，我得到了另一位神父的支持。尽管我是他的上司，我仍与他一起进行了密切且平等的合作。如此大的一所寄宿学校不能由一个人独自管理。每个班级都任命了一名发言人，另外，全体学生还从毕业班中选出 5 名学生成为学校管理委员会的成员。在这个委员会中，学生们自行解决了他们中的大多数问题，效果非常好。除了担任主管的工作以外，我还担任教师。在宗教课上，我所代表的是对当时的现代神学的赞同，因为我的专长是圣经研究。作为渐进式释经的支持者，我以崭新的眼光看到了许多事情，这包括从历史角度对圣诞节故事的质疑，或者对保罗福音书真实性的否定（因为，其中有一整个系列的文章都不是保罗写的）。此类声明在当时被认为是革命性的，如今它们已被普遍认可和接受了。

学生的快速理解力，他们的求知欲和在学习中的乐趣使那些通常被我认为是负担的工作变成了充实的提升。

老师是中介。他们向其他人，尤其是年轻人，传递他们所经验和学到的知识以及他们从其他老师那里获得和发展的东西。在这过程中，这些也就变成了他们自己的。

老师和向他们学习的人之间存在差距，因为老师给予而学习者接受。当学习者认识到这种差距，并且尊敬他们的老师、以他们的老师为荣时，他们可以向老师学习到最多，老师也可以最多地给予学生。学习者知道，他的位置是低的，因为他是那个有需要的人，他对他的老师怀着希望和期待。

如果想要老师和学习者之间的关系不受干扰地为获得知识、经验和成长提供服务，就需要这种差距和相应的行为。只要学习者还想从老师那里得到东西，老师就不能屈尊到学习者的水平，学习者也不能太靠近老师并想与之较量。因此，对于学习者来说，只要他还在学习，就应该承认并同意这种依赖性。也就是说，只要他还在学习，他就要在某种程度上处于低位。一旦他学到了足够的知识，就到了他必须与老师分开的时候了。然后，他自己去体验，也许自己成为老师，然后将老师教给他的东西传递给他人。同时，那些所学必须在具体行动中得到验证，因为，这些所学只有通过自己的行动和成果才能为自己所有。从前的学生如果与他的老师在内在保持联结，就比较容易完成这个过程。那样的话，他的老师就会仁慈地站在他的身后，作为支持和帮助的力量，哪怕他做的事情有所不同——就像在教育孩子的父亲或母亲身后，他们的父母也仍然慈爱地和他们在一起一样。这样，孩子们就能够更愿意也更多地从他们父母那里接受父母想要给予和传递给他的东西。

在担任学校主管期间，我曾经在一次英国国教神职人员的会议上与一位本笃会神父交谈，并同他建立了联系。在那之前，我一直生活在封闭的天主教世界中。在纳塔尔大学学习期间，我带有天主教烙印的世界观已经有些动摇，尽管这种动摇通过作为神父的工作很快地得以调整。那时的我认为，人们只有凭着信念，才能成为一个好人。但是在大学里，我遇到了一些完全没有宗教信仰的教授们。他们真是特别好的人！我领悟到，能否做一个好人，其实主要取决于生活经验。

我记得，当时我遇到了那些我从前没打过交道的英国国教徒。我看到，他们是那般虔诚，真正的虔诚！我深受感动，并且意识到：我们都在同一条船上，肤色或宗教信仰等差异根本不重要。

英国国教神职人员提供团体动力学方面的通俗课程——没有种族障碍。今天，这似乎是世界上最正常的事情。但是您必须牢记，那是在 20 世纪 60 年代那样的年代；特别注意，是在南非那种特殊的情况下。如果您考虑到，在那样的年代，不仅天主教徒和新教伴侣之间的婚姻在德国会遭到唾弃，甚至种族隔离制度在南非作为最严格的法律被强制执行，那么您就会对那些英国国教徒的这种近乎革命性的做法有所了解了。黑人、白人、印度人和混血儿，天主教徒和新教徒——在课程中一起学习。

当时，团体动力学是一门在德国尚不为人所知的学科。它的创始人包括 1933 年从德国移民到美国的犹太心理学家库尔特·莱温（Kurt Lewin，1890—1947）和奥地利裔的美国医生、精神病学家和社会学家雅各布·利维·莫雷诺（Jacob Levy Moreno，1889—1974）。因此，团体动力学首先是在英语世界中广为人知的。团体动力学处理小组中产生的力量，并研究它们如何影响个体成员，以及这些过程如何受到影响和其中的经验。

当我参加第一次课程时，带领者就普通地问："对你而言什么更重要——是理想，还是人？你为谁牺牲了什么？为人的理想还是为理想的人？"这个问题深深地触动了我。那天夜里，我无法入睡。这是我生命中的一个转折点。突然，对我来说，被突出的不再是教会的要求和律条，而是人。我又参加了其他几次英国国教团体的团体动力学培训课程，并将学到的知识应用到我在圣弗朗西斯学院的工作中。

由于团体动力学的知识和现代释经学说，我与许多宗教人士有所不同。另外，还有其他一些东西也使我被排除在外。其间还发生了这些事情：1968 年成立的南非教会理事会（SACC）于同年发布了《致南非人民书》。这封信由德班天主教大主教和他来自开普敦的英国国教同事以及大约六百位神父签名。信中强烈谴责种族隔离制度为基督教的敌人。

随后，南非总理巴尔萨扎·约翰内斯·沃斯特（Balthazar Johannes Vorster）指责种族隔离制度的反对者以宗教为幌子意图破坏国家秩序。在此之前，他已经采用严厉的措施回应了那些来自教会的批评者。现在，他又采取了一系列的手段，连英国国教的高级神职人员都被驱逐出该国，亦或在这些神职人员回国探亲后拒绝他们入境。

我以《致南非人民书》为契机指出，在我们的宣教中心，不允许白人和有色人种一起吃饭。我认为，这种情况必须尽快结束。但是，我所希望的反应并没有到来。相反，得到新的用餐位置的不是我的有色人种宗教兄弟，反而是我。从那时起，我的餐食都被放置在女修道院的建筑中一个额外的单独房间。只可能有两个原因：要么，教会的最上层并不像《致南非人民书》里说的那样是种族隔离的强烈反对者；要么，人们担心遭到政府方面的报复。

直到一年后才发生最终的轰动事件。那时，阿尔方斯·斯特赖特（Alpons Streit）神父是我们教区的主教。他出生于 1893 年，是下弗兰肯行政区维尔茨堡附近下普莱西菲尔德地区一个普通农民家庭的九个孩子中的长子，从小就开始在农场帮助父母干活儿。他经历了残酷的第一次世界大战，当兵时在法国战场，成为了英国的战俘。在战俘营里，他与一位新教神学家交上了朋友，众多关于宗教话题的谈话使他产生了自己学习神学的想法。他在雷姆林根（Reimlingen）参加了玛丽安西勒尔传教士机构的后续职业课程，续补了高中毕业证书，并开始了他的见习期。1925年，他被派往南非继续大学的深造，四年后被任命为神父。

教会首先让他在玛丽安西勒尔任职，之后派他去了现在的津巴布韦和博茨瓦纳附近。1947年，他被任命为玛丽安西勒尔在纳塔尔省的大主教，三年后教皇庇护十二世任命他为玛丽安西勒尔的大主教，这是一个特别责任重大的职务。斯特赖特主教为教区天主教学校需要的资金筹集了捐款，有两万多名儿童在这所学校就读，超过所有在天主教学校学习的南非孩子总数的五分之一。由于他对当地神父和男修道士的支持，他的教区很快便拥有了南非最多的原住民族神职人员。他为巩固天主教在南非的发展做出了伟大的贡献。

虽然因着教职获得了荣耀，斯特赖特主教始终保持着玛丽安西勒尔的一员的身份。在他的主教徽章中也表达了这一点。徽章上有鹈鹕的图案，这是基督徒的象征，代表着人们普遍的牺牲精神，尤其是耶稣基督的牺牲。徽章上还有一条鱼和一个装着面包的篮子，代表圣餐以及为有需要的人提供帮助，上面还有字母 MH 代表玛丽安西勒尔。斯特赖特神父的主教座右铭引用的是《圣经·哥林多后书》第十二章："Super impendar pro animabus vestris"（"我愿为你们的灵魂而献身"）。

我感到自己与斯特赖特主教有着深深的联结，因为我不仅把他视作我非常看重的上级，最重要的是，他是我一位父亲般的朋友。他谦虚和善的态度使我想起了小时候在雷门祖父母的工人居住区遇到的人们。而所谓"人如其名"并不适用于他——斯特赖特主教总是选择和解之路[1]。也就是说，由于他做事非常老道，即使在最困难的情况下，他也知道如何去找到一个使每个人都可以接受的解决方案。但在我那件事情上，他却没有做到。

发生了什么事呢？在正式场合，我已经两次令斯特赖特主教无比满意地在正式场合代表了他。1969 年，我甚至要代替他去参加南非主教会议。为此，他要与我谈话，在谈话的最后他出示了一封信。在这封信中，我被指控为异端。信中写道，我在传播一种偏离罗马天主教信仰的学说，其根据是我在圣弗朗西斯学院的宗教课程中表达的现代神学观点。

时至今日，我仍然不知道这封信是谁写的。斯特赖特主教没有告诉我，根据经验我只能知道：这封信来自我的教会。动机可能多种多样。也许，这封信是出于嫉妒而写的。因为斯特赖特主教似乎想培养我，让我成为他的继任者，阻止这件事的最好方法就是让他对我失去信任。另一种解释是，由于我对种族隔离的强烈抗拒众所周知，教会担心引起南非政府的愤怒。这也是可以想象的，因为政府已经因此对教会施加了压力，关于异端的指控是对我采取行动所

---

[1]　主教的姓氏"Streit"在德语里有"争议"的含义。——译注

使用的借口。我虽然获得了南非公民的身份，并学习了祖鲁人的语言，但是对于这个国家的政府来说，我是否因此就可以成为一名被充分认可的公民呢？当然不是。我只会被看成一位德国传教士，政府对我的逗留只是宽容地容忍。

无论那封信是谁写的，斯特赖特主教看起来很恼火——对我很恼火。至少我认为是这样的。也许我错怪了他，他只是想保护我。无论如何，他要我重视这封信，并建议我以后再多加小心。我认为这是信任的崩塌。这使我又生气又伤心：怀疑我，没有站在我这一边的，恰恰正是这个我如此敬仰喜爱的人。因为，我觉得自己什么错都没犯，我一直是教会忠实的仆人。

那时，我突然地对斯特赖特主教说："如果我在这方面不能拥有您的信任，我就不能代表您参加主教大会，而且我不能再担任我的职务了。我特此辞职，立即生效。"斯特赖特主教没想到我的这一反应，他试图让我平静下来，但我没有改变我的决心。在接下来的几天里，他又两次找我，希望让我改变主意，但无功而返。

当我放弃控制时，我信任。在信任中，我会把我的东西交给别人，他以自己的特殊方式接受这些。只要我还有信任，我就无法干预，我必须服从他。一旦我开始怀疑并采取措施，使事情如我想象的那样发生，我自己就开始控制，信任就停止了。而我之前信任的那人或那事，就会离我远去。

但有时，我必须把一些东西掌握在自己手中。例如，当我信任的某个人接管了我委托给他的、我的某些东西时，那些东西好像属于他了，好像他可以用这些控制我，使我服从，而不是与我一致，去信任我们共同信任的。像我一样，他也必须放弃控制权，并将自己交付给我们共同的选择。那就证明，我的信任是有道理的。它不断发展和深化，并将我们与共同的任务和共同的目标联系在一起。它谦卑地将我们与某些事物联系在一起，这也使我们与许多人的进步联系在一起。这种信任是回报丰厚的。

而我自己，也必须把自己交付给我的工作和我所认同的使命，跟从某些隐藏的东西的引领，从而为其他人和超越自我的某些东西服务。因此，我必须常常首先沉默，倾听内在，等待从外部紧紧抓住我的动力。我必须让它引领我朝向某个方向，让它承载我。这可能会使我害怕，因为我担心它会超越我的力量、知识以及此前的洞察。

那是根本的、完全的、真正谦卑的信任，它将永远不会令人失望。

我知道，我的决定会彻底改变我的生活，这个决定将埋葬我那终生留在南非的计划。没过多久德国的教会就了解了这件事情，我被召回到维尔茨堡。我在德国的上司却对发生了这件事非常高兴。因为，为了让我接管维尔茨堡的玛丽安西勒尔传教士学校，他们已经力争了很久。但是，在这之前，由于我拒绝离开南非和放弃那些信任和爱我的人们，这项努力未能成功。如果我离开了，谁来替他们说话呢？

当然，要跟这个我热爱的、使我感到如此舒适的国家道别，对我来说并不容易。它塑造了我，使我成熟并教会了我很多东西。但是，每当我在我的生命中发现无法再继续前行时，我都会去踏上另一条道路，放弃旧的、开始新的——没有恋恋不舍的回望。

有人说："放弃很难。"但是放弃也可以带来解放，使人自由。只有在人们回望的时候，放弃才会显得沉重。因为，回望使放弃显得像是一种失去，特别是当放弃是被迫发生的。当我们由衷地献身于某项使命，当我们想实现某个对我们很重要的目标，我们就会放弃许多阻碍这条道路的事情。而这种放弃，就是获得的代价。

再有：放弃使我们成长，这听起来很奇怪，但放弃会增加我们灵魂的分量。不放弃的人，能力就很低下，并且在许多方面始终是个孩子。

还有一种特殊的放弃，是发生在洞察和特别行动之前的弃权。这种放弃就像某些更广泛、更深刻、更神圣的开始。其中包括，例如，放弃好奇的知识，抛弃在此之前的已知和愿望，进入精神和愿望之夜并愿意等待一个无意识的移动，放下一切恐惧和算计。在那之中，我们被引导，没有抵抗。在那之中，奉献即是自由。

放弃净化我们，占有我们，创造出超越我们意愿和能力的平和，不引人注目，但是有效且持久。

第五章

返回德国和
离开教会

1969 年底，我回到了德国的玛丽安西勒尔机构。人生有时候真的很疯狂，在南非关于"异端"的斥责声还萦绕耳边，我就成为了维尔茨堡教会神学院的院长——尽管我的态度在内在已经发生了变化，但我仍然忠实地履行着这一任务。这样做的原因是我在团体动力学方面的经验。

在当时，神职人员享有特权以及尊贵的地位。他们是牧人，信徒是羔羊。在教堂里，神职人员也站在教众的前面。神父的位置在台阶以上，在祭坛和讲坛那里，被人们所仰视。在团体动力学中则不同：每个人都只是小组成员，是许多人中的一个。然而，即使人们是依赖团队的，感觉是与团体中其他人相联结的，却又可以发挥影响力并保持为自己决定的自由。这种经历使我的内在成长。

在旅途中，我们要在晚上下马，以便在某个地方过夜。经过长长的旅途，在那里我们得到休息。我们很高兴能够下马，并被安置容留。

有些人要从高头大马上下来，回到地面，因为高头大马骑不了太久。再次站在地上，人才会感到安全。终于又下来了！

从高处下来，重新回到依赖他人并被他人接受的地方。下来之后，人会感到更舒适，因为只有在下来之后，在下面，人们才能感觉到自己的人性，感觉自己和所有其他人类是一样的。因此，许多人在必须下车时都会感到放心。下来使他们能够继续前进，开始新事物，并以不同的、更人性化的方式与许多人联系。

对于人类来说，许多人都需要"下来"，这样可以再次回到人群中，重新拥有人的感觉。这样才有可能拥有新的关系、新的行动和新的爱。

最根本的"下来"是源于自我的"下来"，从与别人分隔的，从远离其他人的那个所在"下来"。只有这样的"下来"才会引导我们顺应人性地前行。

在我与学生打交道中，团体动力学也发挥了重要作用。有一次，一位未来的神父问我——可能是在开玩笑，也是为了试探我——是否允许在房间中接待女性。这在当时是完全不可想象的。我回答说，如果其他神学院成员都同意，我绝对会允许的。当然，这个话题马上就结束了。这当中的团体动力过程是，我应该为整个团体的决策负责。而同时，学生们也知道了，他们无法把我带进沟里。

对于罗马上级的某些要我传递给学生们的指令，我也做了同样的事情。我总是让他们为自己的愿望负责任，因为我已经看透了那种"甩锅"的、将责任转移给他人的机制。罗马从来不曾派人来。

因此，那些指令也从来没有人知道。

我回到德国大约两个月后，波恩大学心理学研究所临床心理学教授、德国团体动力学创始人阿道夫·马丁·道姆林教授在维尔茨堡作了一次报告。当然，我去听了报告，并向道姆林教授作了自我介绍。我是当时联邦德国了解团体动力学的少数人之一。道姆林教授立即邀请我在他波恩的一个研讨会中担任协同教练。那应该是我作为德国领先的团体动力带领者之一的职业生涯的开始。我自己提供课程，并成为团体动力学和团体心理治疗德国工作部的培训师。这样，我就有了与教会无关的自己的财务支柱。

但是，我仍然觉得自己有许多缺失。在教会的许可下，我选修了维尔茨堡大学的心理学课程，开始自己进行心理分析，以期后续进行相应的职业培训。

在内在，我离教会越来越远。对于教堂以及教会来说，信念通常比人更重要。带着这种内在冲突，我参加了在科隆举行的首届团体动力学大会，并认识了露丝·科恩（Ruth Cohn），她是议题导向交流的创始人。这种治疗–教学方法的团体工作是基于终身学习和心理发展可能性的理念。当一个人"归中"，这是个前提假设，那么他就可以直觉地知道，在当下的时间点需要做什么。露丝·科恩，1912 年出生于柏林，出身于一个优渥的犹太家庭，1933 年移居瑞士。在苏黎世，她攻读了心理学、教育学、神学、文学和哲学。1941 年，她移居美国，越来越转向体验疗法。

露丝·科恩在科隆大会之后的一段时间首次在德国开设课程

时，我理所当然地参加了。在那次课程中她讲到，她已经师从弗里茨·佩尔斯（Fritz Perls，1893—1970）完成了格式塔疗法的职业培训。弗里茨·佩尔斯和她一样，于1933年从纳粹手中逃离了柏林。当时，在德国还没有人听说过这种方法。这种方法的目的是，支持人们觉察自己当下的感受和行为方式，觉察与自己以及周围环境的关系。一种治疗方法是所谓的"热椅"——无论谁坐在上面，那个人必须如实回答治疗师提出的问题。

露丝·科恩问我们这些课程的参与者谁想坐在"热椅"上。我自发地报名。当露丝·科恩与我一起开展治疗时，我突然在我的眼前看到了一个不同的未来。一个没有教会的未来，个案结束时关键的那句话是："我离开。"我必须依次站在每位参与者的面前，重复这句话。这是一次令人难以置信的经历。我突然非常清楚：我离开教会的日子近在眼前，是时候开始着手于走出我目前的状况了。

出路从狭窄通向远方的宽广。当某些事物阻碍了我们前进的道路，而我们必须寻找一种新的方式去生存和重新获得自由时，出路变得很有必要。但是，我们不会以武力寻找它，因为这样的出路挑战着那些限制我们的力量。我们会秘密地和战略性地寻找出路。例如，我们要等待正确的时间与合适的环境，还要防止那限制的力量太强大，超出了我们的力量和准备而带来伤害。

突然我们不再受过去的支配。我们已经改变了自己的方向，并在其他地方获得了安全感和稳定性。我们离那股限制我们的力量已经如此之遥，以至于那力量再也追不上我们了。

出路始于思想。它开始于把那些旧的、束缚我们的东西以及他们所带来的安全感抛开的决定，重新定位我们自己，并开始新的事物。

下一步是权衡我们可以利用的不同道路，并选择对我们而言最有前途的道路。这是决定朝向要实现的目标之后的第二步。

接下来是仔细计划如何实现这个目标，避免克服太多的障碍。这些步骤已经确定并开始执行，而我们并没有把它们公开出来。在未曾引起注意的情况下，我们已经上路。在其他人仍然以为他们可以肯定地支配我们的时候，我们逃脱了他们。只有当我们离开之后，他们才意识到他们失去了掌控。我们如何确保我们的出路？不要在他们面前张扬，不要有胜利或自大傲慢的感觉。我们到达了其他地方，独立而自由。

到底是什么考虑使我与教会和圣职渐行渐远了呢？为了解释这一点，我就得讲得比较远了。仅仅为了在误解面前保护我自己。毕竟，一个辞职的神父总是能使人们充满着好奇，就像一个长期处在与世隔绝、封闭、遥远的神秘世界中的人一样。大多数人怀疑辞去神职的原因是一个女人——在许多情况下确实是这样。但在我这里，根本就不是这个原因。

对我来说，首先是，我无法再同意教会中上帝的形象。因为，那隐藏着无限力量的真神，那万物之源，那使我们时刻存在的神，从那时直到今日，在我看来，是一个圆满的神。在这种力量之下的一切，想要的是更少而不是更多的东西。例如，在所有的存在方式中，贫穷优先于富有，这意味着它也是贫穷的，因此它希望其他人都保持贫穷和变得贫穷。它暗示着这种力量，如果我们变得贫穷，我们将向它献祭它所缺少的东西。例如，敬拜、赞美、赎罪、痛苦，甚至是可怕的死亡——比如耶稣在十字架上的死亡。

这里的迹象都是相反的。在这里是谁使用了那种创造力？谁使这种力量屈服，好像这种力量需要他而不是他需要这种力量？

问题是，这种创造性现实的逆转是怎么来的？犹太教和基督教中的原因是，亚当和夏娃这第一对人类夫妇被逐出伊甸园。而造成这种驱逐的原因是什么？人类吃了智慧树上的果子。他们认识到好与坏之间的区别。同时，他们意识到自己是赤身裸体的。他们认识到自己是男人和女人。结果如何？他们认识到男人会使女人怀孕。他们变得富有创造力，并且以这种方式变得与原始的创造之力相当。

随着他们被从伊甸园驱逐，还发生了一些其他的事情。他们开始在大地上耕种，他们从一开始就被以男人和女人的形象创造出来，也以这种方式与创造之力相和谐。而在所谓的"堕落"之后，他们才得以圆满，才知道为何这力量把他们创造成男人和女人。

这就解释了为什么许多基督徒恰恰在这其中，他们在作为男人和女人创造性地合一当中，看到了极大的罪恶，这使他们放弃与原始的创造之力和解，无法与之合一。在这里，一切都被颠倒了。与这种原始力量的和谐在哪里？这种原始力量在不断地进行创造性的移动，尤其是在人类中和通过人类。

　　那么我们在哪里能找到未知的神呢？我们在圆满中可以找到他，在我们身体的满足中，带着他所赋予我们的所有欲望，当我们在各个方面体验到他的这种创造力时，当我们与所有存在的一切和谐相处时，我们就可以感受这种圆满，带着愉悦完成创造。例如，在精神的领域中，在每一件伟大的艺术中，在崇高的音乐表现中，在大量关于宇宙奥秘的新知识的积累中，与那些仿佛始终与我们一路同行的共存。每一次圆满都是开始，未知的神的圆满也是如此，无论他在哪里以无限的运动向我们展示自己。在这种圆满面前，我们都保持沉默。无论这一认知有多深远，在它的无限中，于我们而言始终是空。

　　除了与神的形象渐行渐远之外，我也越来越多地思索着教士的特殊功能。一般的想法认为，教士为上帝服务，他们宣布他的意愿，上帝通过让教士们成为他的信徒们而在现世存在。

　　现实正相反，教士为他的信徒们服务，教士代表信徒们出现在上帝面前。他们祈求上帝的祝福，并带回他的指示和诫命。因此，教士站在他们的上帝和上帝的信徒之间。因此，信徒通常只能通过教士与他们的上帝联结，上帝不直接对他的信徒们说话，而是通过教士说话。因此，那些神秘运动对于这些与上帝有直接关联的，认为找到了上帝最后的秘密的，既定的宗教及其教士们，就如同眼中之刺。那些运动超越了他们，没有使用他们的中间服务，没有对他们的恐惧和依赖。

教士的另一项功能曾经并且依然是，向上帝献祭。最初是人祭，尤其是用儿童献祭，为了使上帝与人和解，继续关照人类。后来，动物的献祭代替了人祭。那些动物被屠杀，被在火中的祭坛上烧烤，给上帝送去滋养的香气。在他们的帮助下，上帝按照古老的观念继续存活着。可以假设，同样的事情在从前人祭者身上也发生着。这是使他们有意义的唯一方法，而这背后的上帝是一个食人者的形象。

后来，由于这幅画面太过残酷，因此被其他构想所覆盖，并被推到了背景中。例如，祭祀的形式似乎已经与原始的人祭形式相距甚远，弥撒祭祀中原始的肉和血已经隐藏在面包和酒的形状下。但这只是表面上，因为，谁会在献祭中被教士敬献到上帝面前？他自己的儿子。 因此，基督教中的教士将上帝所谓的最心爱的儿子献给上帝。

这幅画面还在继续。最初，向上帝献祭时，只是焚烧一部分。一部分——通常是最好的那一部分——会被教士留下享用，那些为了献祭而付出的代价的另一部分，由教士进行献祭。在这场献祭中，所有人都与上帝坐在同一张桌子旁，和上帝一起吃他儿子的肉，喝他儿子的血，并在他们的想象中与上帝合而为一。

如果没有了教士，我们会发生什么？不再有献祭，不再会有更多的人祭，不会再有上帝的秘密食人，不再有自己成为上帝的祭品的教士。例如，天主教教会中的独身要求。在古代，为了服务于母性女神赛贝勒，她的祭司们疯狂地献身于他们的服务，在献祭中奉献自己。教士，极端但是确切地说，敬献祭品，而自己也是牺牲品。

这些教士应该被怜悯吗？或者，是否他们必须变得像他们所服务的那个上帝那般残酷？

这里还有一些需要考虑。这些教士通过独身服务于哪个上帝？这个上帝是一个人吗？他是我们的父亲吗，正如耶稣所说的那样？亦或，在这里一位母性女神取代了他？对所谓的上帝之母玛利亚的敬拜与对一位母性女神的敬拜有什么区别？她在信徒的意识中，特别是在对教士独身限制这一点上，很大程度上占到了首位。但严格来说，对于天主教教士来说，母性女神就是教会。这就是为什么只有男人才能成为教士，被"阉割"的男人。

我们该如何告别这位上帝和他的教士们？

首先，不用惧怕这位上帝，他的女神和他们的教士们。

其次，带着爱生活，就像它是被一种力量赋予我们每个人的，在这种力量面前，所有的一切根本纯净，拥有着平等的存在。这种力量高于一切，不需要也不想要任何献祭。

第三，献身于生命，我们每个人都得到这份生命的馈赠，都从这种力量那里直接地获得这份馈赠，这种力量时刻承载着我们。

第四，在爱中与一切同在，包括信徒和他们的教士，而不要凌驾于他们。他们也像其他所有人一样被这种力量爱着。

第五，谦逊，因为无论我们如何看待这种力量，无论我们如何寻求它，仍然是不足和有限的。但是，我们思考和崇拜这种力量的方式会改变我们与一切事物的关系，尤其是与其他人的关系。这种思想和崇拜服务于同一切的和平与和解，而无须献祭也没有教士。这些通过隐藏的上帝服务于和平与和解。他以一种爱作用于一切，创造性地超越了我们所设定的差异。这种爱直接地朝向每个人，无须献祭，没有教士。它以一种无限的爱存在于每个人的心中。它与每个人以及所有人，如其所是地，都在爱中同在。

我试图在一个故事中描述我们在这种变化中需要些什么：

另一个神

一个人在夜里做梦，听见了上帝的声音，上帝说："起来，带走你的儿子，你唯一爱的人，带领他到我给你看的那座山上，并在那里杀死他献祭给我！"

那个男人早晨起来，看着他的儿子，他唯一爱着的人；看着妻子，孩子的母亲；看着他的上帝。他领着那个孩子，带他上了山，建造了一个祭坛，绑住了男孩的手，拔了刀，想杀了他。但是他又听到了另一个声音，他没有杀自己的儿子，而是宰了一只绵羊代替他。

儿子如何看待这个父亲？

父亲如何看待儿子？

这个妻子如何看待她的丈夫？

那个丈夫如何看待他的妻子？

他们如何看待上帝？

上帝（如果有的话）如何看待他们？

另一个人也在晚上做梦，他听到上帝的声音说："起来，带走你的儿子，你唯一爱的人，带领他到我给你看的那座山上，并在那里杀死他献祭给我！"那个男人早晨起来，看着他的儿子，他唯一爱着的人；看着妻子，孩子的母亲；看着他的上帝。他在上帝的面前抗拒了他，说："我不那样做！"

儿子如何看待这个父亲？

父亲如何看待儿子？

这个妻子如何看待她的丈夫？

那个丈夫如何看待他的妻子？

他们如何看待上帝？

上帝（如果有的话）如何看待他们？

在以色列部落入侵并占领迦南之前很久，那里就有一种广泛的宗教信仰：父母如果将自己的一个孩子献祭给上帝，就可以确保自己的生命和未来。通常，献祭的是长子。经过细致的发掘工作之后，人们现在可以参观那个献祭这些儿童的原始圣所。圣所的中间是一个巨大的石头祭坛，显然上面可以同时献祭几个孩子——被屠杀和焚烧。我绕过这个祭坛，带着爱悼念这些孩子。

这个证据是否使我们记起，在以色列征服者占领当地很久之后，耶稣也为荣耀天父而牺牲？教会中还有一个观念，就是所有相信耶稣的人都因他在十字架上的死而从罪恶中得救，因为上帝通过这个牺牲与我们和解，我们获得了他的恩典。

我在这里要引申一下。在占领土地之后，许多以色列人当中也非常流行将他们的长子献祭给一个神。这个神叫莫洛奇。他在耶路撒冷附近有一座寺庙。这座寺庙中树立着一座他的雕像，这座雕像是一个炉子。父母把他们最近出生的孩子——也许永远都是他们的长子——带去那里，伴随着大声的唱诵，把这些孩子扔进这个神的炉子中。他们大声的唱诵淹没了孩子的尖叫声。

许多先知反对这一邪教。然而，这一习俗源远流长，可以追溯到巴比伦对耶路撒冷占领的初始。问题是：这种邪教在基督徒中还会被延续吗？显然是的，只不过被蒙上了一层虔诚的仪式。基督教信徒们说，他们是将孩子献祭给上帝，这里又是那种观念，这么做的目的是为了让上帝的祝福降临到他们自己身上。

隐含着这个观念的一种极端表现形式是殉难。教会中对殉道士们如此敬拜，好像连他们的遗物也能给信徒带来救赎，真是一种异常奇怪的表现。

现在，我回到将孩子奉献给上帝的通常形式。例如，将一个女儿送往修道院。被献祭给上帝的处女甚至以基督新娘的身份出现，并在一场圣洁的婚礼上被献祭给上帝。当然，这与放弃尘世的新郎和自己的孩子相关。然而，父母为这些孩子们感到自豪，献祭孩子为他们带来了上帝的保佑。

对于做好准备进入教会，特别是那些准备成为教士的儿子们，情况也是如此。为了上帝的更大荣耀，他们也不得不放弃婚姻，以便只为上帝存在。人们认为，那样做，上帝就会对他们以及他们的家族特别满意。

这种献祭与从前的献祭孩子相比，尽管没有那么血腥，就像礼拜祭祀是不流血的一样；然而，在礼拜献祭中，耶稣血腥的死被重新想起，并得以被重复。这种献祭同样地索取着被献祭者最后的一切。

我在这里仅仅谈到了教会。然而，这种以人献祭的观念以类似的方式在其他地方起着作用，甚至是血腥的。例如，当德国士兵上战场时，他们会唱这首歌：

德国，请看我们，为您奉献死亡是一件最小的事。

一旦他向我们的队伍召唤，那将是我们重大时刻。

问题是：哪些神话在这里继续起着作用？在它们面前我们能幸免吗？在这里，告别是必要的，一场作用深远的"去神化"亦是必要的。如果这得以成功，我们就可以告别一幅想要儿童献祭的上帝的形象。就可以告别这种信仰所鼓吹的耶稣的形象，例如我们与他共同背负他的十字架的想法。有了这样的告别，我们就可以告别所有的、无论隐藏在何种伪装之下的、为了他们自己的荣耀而要求人类献祭的神。

在那之后，我们会到达哪里？我们会超越这些神灵，到达另一种不想要也不需要任何献祭的爱。问题仍然存在：为了与神和解，我们到底愿意进行多少献祭和做出多少放弃？为了与我们的神和解并获得神的恩典，我们到底要求别人和强加给别人进行多少献祭和做出多少放弃？我们站在哪一边？我们只有这两种选择吗？问题是：我们如何才能摆脱这个上帝的形象？我们放下它。怎样做呢？爱每个人，也爱我们自己。

在"热椅"上获得我的认知之后，我像以前一样照旧继续。我的朋友神父赫尔曼·施滕格（Hermann Stenger），已于2016年去世，他是一位心理学教授，也是和我一样的团体动力带领者，为我在维也纳提供了一个进行精神分析的地方。几个月后，我开始进行精神分析师职业培训不可或缺的一部分。未来的精神分析师自己要先成为接受精神分析的人，以便更好地、全无压力地了解来访者。赫尔曼·施滕格也和我一样，对教会所要求的神职人员生活持批判性看法。

露丝·科恩的课程结束四个月后，我在罗马为教会人员举办了一次团体动力学讲座。其间我和一位美国教士进行了交谈。我们交流了经验。在一瞬间，我知道：现在是我离开教会的时候了。我再次感受到了这种内心的安全感——就像当时我决定逃离美国战俘营时一样。

"是"始终是"不"，"不"也始终是"是"。因为，当我对某事说"是"时，我是在对其他的说"不"，而当我对某事说"不"时，我在对其他的说"是"。当一对夫妇互许终身时，他们就是在对所有其他可能的伴侣说"不"。这个"是"指向一种执行，指向一种行动。它排除了反对这个"被肯定的行动"的行动。所以，人们通过"是"限制了自己的行动自由，但是却会获得相应的收获，这收获使人们忘记了限制。

但是，对于没有说"是"的人来说，什么又是自由呢？这种自由只能持续到人们决定某件事为止。如果没有为着某些事的决定，也就是没有那个"是"，自由就是空的。如果人们不将这自由用于一个"是"和这个"是"相对应的行动，那么这自由又能为人们带来什么？

与之相似的是"不"。人们通过一个"不"排除"是"和与这个"是"相对应的行动。"不"是对行动的拒绝，说过"不"之后，人们就拥有了选择新的或其他东西的自由。因此，说"不"能将自由带给另一个"是"，"不"可以说是为另一个"是"的准备。如果没有"是"和与这个"是"相对应的行动，则"不"就像自由一样，是空的。在说了"是"以后，人们仍然可以重新选择，新的决定使那个"是"得以继续。或者，人们对以前肯定过的说"不"，由此获得相对的另一个"是"以及与这个"是"相对应的行为的自由。至少看起来是这样的。但是，对于某些本质的事物，重新说"是"的可能性是有限的。其自有的可能性受到了限制，因为其他人不再信任这个"是"。说太多"不"的人也与之相似。最后，两者都陷入孤独。

在罗马，我宣布要退出教会。有人告诉我，我不要指望天主教会提供任何支持，帮助我自立门户——没有任何保障。但是我完全不需要这个，有了团体动力带领者的工作，我在财务上是独立的。我也不等待教会对我离开的许可，我只是很简单地离开了。我的教会甚至根本没有试图阻止我，他们知道这毫无意义。

是的，我打破了一个永恒的誓约。是的，我对教会不忠。所有这一切都带着好的良知。

忠诚源于联结，它代表同意那些预先确定的边界。它在这些边界之内运行，并且是可靠的。如果忠诚在这些边界之内是相互的，忠诚将确保归属感，加深与他人的联结，反之亦然。因此，忠诚是一种珍贵的东西。

但是，当人们超越这些边界发展时会发生什么呢？如果这些边界不仅仅给人安全，还囚禁人们怎么办呢？忠诚必须朝着更大的方向发展。

因此，人性的忠诚只是暂时的，各种情况会要求它变得更宽广。有时忠诚建立在前一个基础之上，之后仍得以继续存在。这样，发展就能够在不造成重大裂痕的情况下进行。例如，尽管孩子已经建立了自己的家庭，但仍然与其原生家庭保持着充满爱的联结。

但有时，这种发展也意味着要与从前告别，要放开一些东西。放开已经结束的事情，不仅仅是让它们过去，而且还证明了它们的不足或错误。许多亲历了第二次世界大战的士兵都有这样的感觉，他们不得不意识到，他们的忠诚对他们所要求的，往往只是给他们和对手带来了灾难。那种忠诚要求他们做坏事儿，甚至经常是犯罪。

盲目的忠诚和盲目的服从不仅会阻止各种发展，甚至会使人麻痹。相反，真正的忠诚是对完整的实相的忠诚。真正的忠诚超越对某个个人或某个团体的忠诚，涵盖着基于各种情况和经验的其他使命。是的，在某种程度上，它甚至超越了对自己的忠诚，例如对于自己的过往和所谓的性格的忠诚。这种忠诚是朝向那种伟大的完整的，不朝向某个狭隘的范围。因此，在道德、政治、宗教和人道方面每一个决定性的进步，都是超越先前的边界，经由一次分裂、一次消失，有时是一次背叛开始的。但是，总会有人朝着更大的方向发展，朝着超越忠诚而获得的一种洞见，一种被认为不同的真实，以及这些洞见和真实所带来的使命。

还要讲讲关于被强迫的忠诚，例如，当一个简单的承诺，一句"是"或"不"不够的时候，就会出现宣誓或誓约。我们会在法庭上看到这一点，证人被要求为其证言宣誓或进行所谓的忠诚宣誓声明。这一类还包括宪法的誓言、旗帜的誓言、就职宣誓，以及教会中那种奇怪的如"反现代主义誓言"那样的东西。教士们通过这种誓言，去承诺不追随某些特定的教义（或见解）。

这与誓约非常近似，例如教会誓约中的守贫、贞洁和服从，在某些教会中还有额外的对教皇绝对服从的誓约。这种情况下许下的，是永恒的誓言，终生具有约束力，这些誓约阻止和压制一切超越它们的进步发展。这些誓言或誓约是归属所要求的必要条件。拒绝这些的人，不能得到或保持其成员的身份。但是为什么会有这些誓言和誓约呢？为什么简单的同意或承诺不够呢？耶稣曾对他的门徒们说："你的讲话应该是这样的：是就说是，不就说不。除此之外的，一切都来自邪恶。"（《马太福音》5：37）那么，为什么还要那些誓言或誓约呢？是在召唤一个记仇的报复之神，要让人害怕，害怕如果违背了这些誓言和誓约会受到他的惩罚。然而，上帝并没有要求我们遵守这些誓言或誓约。他也不听从作为一个证词或誓约的见证人的召唤，好像我们可以将他作为一个警察来指使，去追究责任并惩罚那些发假誓或打破誓约的人一样。

要求宣誓或誓约的人，是在恐吓下属，就好像他站在了上帝的身边，仿佛上帝是顺从他的。不可能有这样的上帝。想以这种方式召唤上帝，或者想强迫某人以这种方式召唤上帝，就是将自己置于上帝之上。因此，所有这些誓言或誓约如果超出了简单的承诺或同意，就都是无效的。

如果我们在这里被迫以人类的形象来谈论上帝，也许我们就可能并且可以说：上帝的荣耀归功于他不为这些誓言或誓约服务。如果在这里有人应受到惩罚，那么，不是那些破坏了宣誓或誓约的人，而是那些定下这些形式并对此进行要求的人。只有那些在所崇拜的上帝面前有勇气打破这些誓言或誓约，不因这些誓言或誓约屈从于别人的人，才对人性和上帝拥有更伟大的忠诚。

在这里我跑题到了以这种方式谈论上帝，甚至人们会认为这是对上帝的贬低。我想在此强调这不是我的本意，并表达我自己对上帝的敬畏，尽管我们还有怀疑，但却必须无条件地、无须赘言地保持这种敬畏。

　　我不再是神父，也不再是男修道士了。然而，直到这时我才成为真正的神父；直到这时，我才能够发自内心地，不拘于任何法规或限制地朝向人们。从这个意义上说，我一生都是一名神父。

　　我还了解了其他一些东西：自己的方式才是每个人自己正确的方式。任何对于自己方式的偏离都会使人远离自己，远离他的满足感，他的力量和他最深切的幸福。归根结底，人们别无选择，只能跟随自己的道路，即使有人认为自己能够、可以，甚至必须偏离自己的道路。也许有人认为，另一条道路更容易或更充实，或者另一条道路所指向的目标更高，最终它甚至会引领我们超越自己。但是，那另外的道路只能是那个注定要走这条道路的别人的道路。只有那个人才能在这条道路上与自己和谐相处，也因此才有力量、勇气和充分的准备，沿着它走下去。

　　有时，人们很想将自己的道路与其他道路进行比较，然后认为某些道路更好或者更糟，更崇高或者更低下，特殊或者普通；认为某一条是好的，另一条是应该受到谴责的。但是，每个人都在自己的道路上，没有人能够像亲自走过一样清楚地知道别人的道路。从这方面来讲，每个人都只能跟随自己的道路而无法离开，因此，他们与他们的路是完全相契合的。因为最终，每个人自己的道路都是注定的。首先是通过他的出身，通过他与家族命运的联结，通过他的性别，通过他的天赋以及他精神和身体上的局限。但是，最终，这取决于他自己的命运、他自己内在的声音和他所来到的整体当中的那个位置。

也许，会有人在自己的道路上与其他人相遇，一起同行一段路程，相互学习，相互陪伴和相互支持。但是在某个时间点到来的时候，又会重新孤单地继续走自己的道路。许多人的道路常常会互相交汇，有时会彼此汇聚，甚至在一段时间内无法将它们彼此区分。直到自己的道路通过了这一段，人们又得沿着自己的道路，去寻找自己的圆满。

关于我退出教会和辞去神职，后来我写了一个故事。

告别

我现在邀请你们一起踏上回到过去的旅程，就像人们会在多年之后，再次敞开自己，回到过去那些发生决定性事件的地方。但这一次的旅途中没有潜伏着危险，一切都已经结束了。

这更像是老兵，在长久的和平之后，再一次踏上当时生灵涂炭的战场，踏上那个他们曾经不得不证明自己的地方。经过了很长一段时间，那里已经绿草遍野，树木开花结果。也许他们甚至不能再认出曾经的那个地方，因为这里看起来与他们记忆中的样子已经不同，他们需要帮助才能找到那里。

奇怪的是，我们遭遇危险的方式是如此地不同。例如，一个孩子在一条大狗面前吓得僵住了。然后母亲来了，抱起孩子，那种紧张就消失了，孩子开始哭泣。但很快孩子就转过头，可以从安全的高度无拘无束地看向那只可怕的动物了。

另一个例子，当人割伤自己时，无法看他自己流血。他一看向别处，就感到不那么痛了。糟糕的是，当所有的感官集中在所发生的事情上时，它们就不能单独、分开地被转移，感官会被彻底压倒。那样，这个人就不再能看到、听到和感受到真实了。

在我们正在进行的旅程中，每个人都能遇见他全部的所想，但不是一次就能遇见全部；也可以体验所有的一切，但在他自己希望的保护之下；还有那些他觉得重要的事，一桩接着一桩。如果愿意，有的人还可以让别人代表他，就像他自己舒服地坐在椅子上，闭着眼睛，像做梦一样，看到自己正在旅行。尽管他正在家里睡觉，却体验了一切，就像他真的在那里一样。

旅程前往的是一座曾经富裕而有名的城市，但现在那里早已变得孤独而空旷，就像狂野西部的一座鬼城。旧日掘金的沟渠依然可见，房子几乎完好无损，连歌剧院都还在那里，但一切都被遗弃了。很久以来，这里除了留存的记忆之外已经一无所有。

踏上这趟旅程的人，都会找一位引领他的向导，那样他才可以去到那个地方。记忆被唤醒，这就是那曾经让他如此震撼，因为曾经那般痛苦而至今都只有沉重回忆的地方。而现在，阳光照耀着这座被遗弃的曾经充满生机的城市，混乱和暴力已经回归安静，几乎一片宁静。

他们穿过那些街道，找到了那座房子。他迟疑着，仿佛依然不敢进入，但是他的同伴想先独自进去看看，以确定这个地方是否安全，是否还遗留有那时候的什么东西。

在这段时间里，房子外的人望着外面空荡荡的街道，回忆起过去那里的邻居或朋友。那时他快乐开朗，充满生活热情和行动的紧迫感，像个急切向前的什么也阻止不了的孩子，朝向新奇，朝向未知、伟大、广阔，朝向冒险和那些存在着的危险。时间就是这样流逝的。

这时，他的同伴招呼他过去。现在，他自己也走进那座房子，来到前厅，环顾四周，等待着。他知道什么样的人是那时可以帮助他的，使那时的他能够挺过来，那些爱他的人，和那些坚强、勇敢和智慧的人。他感觉他们好像现在就在这里，他好像听到了他们的声音、感觉到了他们的力量。然后，他的同伴牵住他的手，他们一起打开了正厅的门。

他现在站在那里，故地重游。他抓住那只把他带到这里的手，平静地环顾四周，好仔细地看清楚那一件一件的事物和那所有一切原本的样子。奇怪，当他握着同伴的手，并且凝神的时候，他感受到的一切是那么地不同。他也记起了长久以来他记忆中所遗漏了的，好像曾经属于这里的所有一切都终于填补了进来。他就这样等待着、观看着，直到他感知到那所有的一切。

之后，一种感受笼罩了他，在表象的背后，他感受到了爱和痛苦。对他而言，仿佛回家一般，看到了这一切的本质，没有对错，也没有报复。命运的作弄，谦卑的疗愈，以及无可奈何带来的平和。他的同伴握住他的手，让他觉得安全。他深深呼吸，然后放开。长久以来淤积的东西流淌而出，他感觉轻松而温暖。当一切过去，同伴看着他说："也许那时的你把一些应该留在这里的东西背负起来，是因为那时的你还不能知道那些是不属于你的。例如，假想的愧疚，就好像别人索取的需要你去偿还。在这里把它们放下吧。还有那些与你无关的：别人的疾病或命运，别人的信仰或感觉。此外，那些对你造成过伤害的决定，现在也把它们留在这里吧。"

这些话让他受益匪浅。他感觉自己像是一个背负沉重负担的人，现在把这些负担放下了，他第一次感到像羽毛一样轻盈。

那位朋友又开口了："也许那时你也拒绝和放弃了一些你应该保留的东西，因为它们原本是属于你的。例如，一种能力，一种亲密的需求。甚至还包括清白和愧疚，回忆和信心。充满勇气，按照自己的意愿行事。现在把它们收集起来，带到你的未来当中吧。"

他也认同这些话。于是，他一一审视过那些他原本放弃而现在必须再接受的东西。当他接受这一切时，他感受到了脚下的地面，感受到自己的体重。那位朋友又带领他向前走了几步，和他一起来到了后门。他们打开门，发现秘密所在——和解。

现在，那个旧的地方再也留不住他了。他急着快点离开，便感谢了那位友好的伙伴，踏上了归途。

回到家后，他还需要一些时间去适应这新的自由和那旧的力量。但是他已经在暗暗地计划下一次旅行，这次要去到新的、未知的国度。

第六章 ——

治疗师职业培训

和结婚

　　离开教会之后，我立即移居维也纳，在维也纳深度心理学工作组开始进行精神分析，并接受精神分析的职业培训。维也纳深度心理学工作组是由心理学家和精神分析师伊戈尔·A. 卡鲁索（Igor A. Caruso）创立的。在我加入时，卡鲁索已经是萨尔茨堡大学的教授，由于他对左翼知识分子的热爱，他享有着超出奥地利国界的进步大学教师的声誉。直到三十年后，他生活的阴暗面才广为人知。我稍后会进入这个部分。

　　我在财务上很有保障。我被认为是欧洲最受尊敬的团体动力学导师之一，不仅在德国，还在许多其他国家——例如，瑞士和意大利——开设了课程。来参加课程的有各种各样的人——从神父到心理治疗师。我也经常在修道院开课，我特别建议实习教士除了学习神学以外，还要学习另一种职业技能。只有当他们拥有另一种可能性的时候，他们才能真正自由地对教职做出选择。

　　尽管如此，修道院墙外的生活对我来说还是一个巨大的改变。我那时四十五岁，单身——今天的人们都用这个好听的词。但是，在此之前我从未处理过日常事务，如购物、打扫或烹饪。在修道院里，这些事情都被料理妥当了。我记得，刚开始在维也纳的时候，我站在一家奶酪店里，不知道一百克与五百克之间的区别。为了不让自己太丢脸，我买了跟排在我前面的那个女人一样多的奶酪，她买的那块的大小看起来似乎也适合我。

不久之后，我认识了我的第一任妻子赫塔，她比我小六岁，是一名社会工作者和精神病医生。当时她是维也纳一间修道院的修女。我们经常见面，成了朋友，最终她也离开了那间修道院。我很清楚，是考虑结婚的时候了，但对这件事我不是太确定。一方面，我想要一个伴侣；另一方面，我享受着前所未有的独立。除此之外，我还可以想象，对于一位女士来说，嫁给像我这样的一个人也不是一件容易的事。作为修士，在过去的几十年里我都只生活在男人中间，没有与女性私下打交道的经验。因此，我决定在有关婚姻这件事上等待一个征兆。在我当年从美国战俘营逃脱时，就得到过很好的征兆。

当时，我计划在完成精神分析师的职业培训后，重返南非，在那里工作和生活。所以我决定对赫塔说我想和她结婚，但前提条件是，她以后要和我一起去南非。我想的是，如果她同意，就是这场婚姻的一个好征兆。赫塔立即就同意跟我一起去，这是我没想到的。

男人之所以被女人吸引，是因为作为男人他们自身缺乏女性的部分。女人之所以被男人吸引，是因为作为女人她们自身缺乏男性的部分。男性的阳刚与女性的阴柔互相响应。因此，男人需要女人使其成为真正的男人，反之亦然。只有当男人使一个女人成为他的妻子，并且与这个妻子在一起时；也只有当一个女人使一个男人成为她的丈夫，并且与这个丈夫在一起时，他们才真正成为男人和女人，并且作为这个男人和这个女人结为夫妇。

为了使男人和女人之间的夫妻关系得以名副其实地保持，男人必须是一个男人，并且始终是男人，而女人必须是一个女人，并且始终是女人。因此，男人必须放弃去获得和拥有女性特质，就好像他自己能够成为一个女人一样。女人也必须放弃去获得和拥有男性特质，就好像她自己能够成为一个男人一样。因为在伴侣关系中，只有当一个男人是并且始终是一个男人时，他才对女人有意义；而只有当一个女人是并且始终是一个女人时，她才对男人有意义。

如果男人在自己的内在发展并拥有女性特质，那么他就不需要女人了。如果女人在自己的内在发展并拥有男性特质，那么她也就不需要男人了。因此，许多发展了异性特征的男女独自生活，他们自己就已经能够满足自己了。

男人和女人之间爱的序位，首先是，男人要一个女人成为他的妻子，而女人要一个男人成为她的丈夫。因此，如果某个男人或女人更多地是出于其他原因 [例如为了享受或需要照顾，因为对方富有或者贫穷，因为对方受教育程度，是信天主教还是新教，想要征服对方或者保护对方，要改善或者拯救对方，或者像有些人说的那样好听："想让他（她）成为自己孩子的父亲（母亲）"] 和他人建立了伴侣关系，那么这样的关系就如同建筑在沙子上的空中楼阁，这样的关系亦如长了虫子的苹果。

男人和女人之间的关系中爱的序位还包括承认双方是平等的。任何试图像父母一样凌驾于对方或像孩子一样把自己交付给对方的尝试，都会使他们的伴侣关系变得狭隘并威胁到他们的关系。如果男人或女人表现得好像是另一方的教育者，就像是父母对待他们自己的孩子一样，那么他们就剥夺了对方所享有的平等权利。而另一方常常会逃避压力，并在他们的伴侣关系之外去寻求放松和平衡。

男人和女人之间特殊而深刻的不解之缘是通过他们之间爱的行为而产生的。只有性爱才使男人和女人成为一对伴侣，也只有性爱使这对夫妇成为父母。仅仅靠精神上的爱和对他们关系的公开承认是不够的。

在做爱的过程中，肉体显示出比灵魂更大的优势，并显示出其真实性和伟大。尽管有的时候，人们试图在精神面前贬低肉体的价值，好像基于本能、需求，以及渴望和爱所发生的，比基于理性和道德意愿的要求要低级。但是，恰恰在理性和道德达到极限和失败的地方，本能证明了自己的智慧和力量。因为通过本能，一种更高的精神和更深层的意义得以发挥作用，而我们的理性和道德意志往往被这种更高的精神和更深层的意义吓得退缩并逃离。

正如《圣经》里的美好描绘，通过做爱，男人离开父母，专注于他的妻子，两人的肉体合二为一。对女人来说也是如此。这幅画面所描述的是一个灵魂中的过程，人们可以通过他们的行为真实地体验这个过程，因为即使有人不希望是这样，它仍会产生一种联结，这种联结被证明是不可违背和不可重复的。

有人可能会反驳说，离婚和随之而来的新关系可以作出相反的证明。但是第二次的关系与第一次的关系作用的方式是不同的。第二任丈夫或第二任妻子感受得到他们的伴侣与前任妻子或丈夫的联结。这表现在，第二任丈夫或者第二任妻子不相信，作为他们妻子或丈夫的新的伴侣，会像第一任伴侣那样在全部意义上被接受，不相信作为她的丈夫或者作为他的妻子会被全心全意地对待。因为伴侣的双方都感觉第二段关系相对于第一段关系是抱有愧疚的。如果第一任伴侣死亡，情况也是如此，因为人们只有通过自己的死亡才能与第一任伴侣真正地分开。

因此，只有承认和尊重与前任伴侣的联结，只有当新任伴侣知道，他（她）的位置是在前任伴侣之后的，感觉到对前任伴侣的愧疚以后，第二次的联结才能达成。但是，他们不会再拥有像第一次关系中的那种具有初始意义的联结。这也是为什么，在第二次关系的双方分开时，通常比第一次固定关系破裂时的负罪感和责任感少一些。

婚礼的一年半之后，我的信箱里收到一封罗马寄来的信：那是教廷对我的婚姻的许可。奇怪的是，我从来未曾征求过许可。

我和妻子在维也纳又住了一年，之后我完成了心理分析师职业培训的全部考试。除此之外，在那段时间里，我还阅读了弗洛伊德的全部重要著作，对阻抗和投射非常地熟悉，这对我以后在家族系统排列领域的工作非常有益。当时，我的心理分析师职业培训认证还欠缺20个小时的培训分析，我想在接下来的几个月中补足这些时长。我在贝希特斯加登纳县（Berchtesgadener Land）的艾因林（Ainring）小镇买了一套单户联排别墅，该小镇大约有六千五百名居民，靠近奥地利边境和萨尔茨堡市。

搬家之后，我加入了由伊戈尔·A.卡鲁索教授领导的萨尔茨堡深度心理学工作组。在我看来，这是一个不错的选择，因为这个工作小组的声誉很好。从某种意义上讲，这也是我在卡鲁索创立维也纳深度心理学工作组之后继续我的职业培训的逻辑延续。这个联结对于我所追求的精神分析师准入许可是很必要的。

卡鲁索当时是心理学界最著名的人物之一，许多人像尊重一位"古鲁"（印度教或锡克教的宗教导师或领袖——译者注）一样尊敬他——尽管他本人与纳粹政权有牵连，包括与忠实的纳粹分子的亲密友谊，而其又支持与马克思和黑格尔相关的法兰克福学派的批判社会哲学。这种矛盾性直到几十年后才被人们热议，并且是在第二次世界大战后很久。这是又一个例证：那些与第三帝国相联结的——类似司法界的法官和检察官等——仍然不为公众所知，但被那些相关负责人容忍、宽容，甚至多次保护。回想起来，在我看来，这似乎就像是我这一代人身上的一个魔咒，像我这样的纳粹反对者，有时在生活道路上与那些长期以来未被发现的那个残酷和不人道政权的代理人依然有着新的交集。

伊戈尔·亚历山大·格拉夫·卡鲁索（Igor Alexander Graf Caruso）于1914年出生于当时属于俄国南部的提拉斯波尔（Tiraspol）市（现属摩尔多瓦）的一个小贵族家庭。在十月革命后他跟随这个家庭离开了俄国。他在比利时学习了教育学，1937 年获得博士学位，并在那里的一个教育咨询中心工作。两年后，为了与第一任妻子伊琳娜·格劳恩（Irina Grauen）结婚，他移居爱沙尼亚。这对夫妇于 1942 年绕路迁回到达奥地利，这主要归功于伊琳娜妹妹的丈夫——一位党卫军成员。在他的帮助下，卡鲁索在臭名昭著的维也纳埃姆·斯珀格朗地青年福利中心（Wiener Jugendfürsorgeanstalt Am Spiegelgrund）担任教员和鉴定员。该设施设有包括一个所谓儿童专科部门的"儿童精神病医院"。

2012 年莱因哈德·赛德尔（Reinhard Sieder）和安德烈亚·斯米奥斯基（Andrea Smioski）受维也纳市委托发表的长达 500 页的题为《维也纳市儿童教育机构中的暴力侵害儿童行为》的最终报告，描述了那里发生的恐怖事件："有遗传或系统性疾病的儿童，例如，痴呆或迟钝的未成年人，被挑选出来进行药物试验，最终有数百人被使用鲁米娜（一种镇静剂）杀害。"（第 44 页）

鲁米娜这种药物属于巴比妥类药物。用于癫痫治疗和麻醉制剂。1940 年，在莱比锡－多森疗养院开发出所谓的鲁米娜模式，该模式最初仅用于儿童安乐死。连续多日每日三次给患者注射轻微过量的这种药物，同时配合不良的营养，患者不久后就会死于肺炎。

关于"斯珀格朗地"，这份最终报告指出："安乐死计划涉及患有遗传病的婴儿和儿童，患有癫痫或经精神科医生诊断为'白痴'的儿童，其中大多数在婴儿科，他们内部术语称其为'帝国

废品部'。'斯珀格朗地'记录在案的 789 名儿童中，大多数在这里被杀。"（第 42 页）

按照现今的指控，根据卡鲁索作为鉴定员提交的报告，他至少和 14 名儿童被谋杀有关。他自己对此从未承认。尽管 20 世纪 70 年代中期以来，有很多证据显示卡鲁索与"埃姆·斯珀格朗地"安乐死计划相关，但直到 2008 年才被确认。科学史学家和精神分析师伊芙琳·利斯特（Eveline List）发现了在维也纳城市和国家档案馆中存档的卡鲁索的那些鉴定报告，并发表了相关的研究结果。

1942 年，卡鲁索改换工作，进入维也纳德布灵城市精神病疗养院（Wiener Städtische Nervenheilanstalt Döbling），并与他的老板，精神病学家阿尔弗雷德·普林茨·冯·奥尔斯堡（Alfred Prinz von Auersberg，1899—1968）建立了亲密的友谊。这位纳粹党成员自 1938 年以来一直是党卫军成员，并以党卫军分队长[1]的军衔活跃于党卫军医疗行业中。战后，因为无法证明他直接参与了实施安乐死的行径，他仅仅被归类为纳粹追随者。1946 年，他与家人一起移居巴西，随后在南美和美国工作。从 1953 年起，他多次回到欧洲。卡鲁索与奥尔斯堡的密切关系使他在战后无法加入维也纳精神分析协会（Wiener Psychoanalytische Vereinigung），该协会的起源可以追溯到西格蒙德·弗洛伊德。因此，卡鲁索成立了维也纳深度心理学工作组。

卡鲁索通过与有影响力的企业家弗朗兹·约瑟夫·迈耶－贡

---

[1] 纳粹德国党卫军中最初级的指挥衔，一般指挥一个 5 到 7 人的小分队——译注

霍夫（Franz Josef Mayer-Gunthof）的女儿玛利亚·迈耶-贡霍
夫（Maria Mayer-Gunthof）的第二次婚姻取得了社会地位。弗朗
兹·约瑟夫·迈耶-贡霍夫后来成为奥地利工业家协会的联合创始
人兼长期主席。他曾作为纳粹反对派囚被禁在毛特豪森集中营。卡
鲁索岳父作为集中营囚徒的命运如同面纱一般掩盖了卡鲁索的过
去，尤其是自他从 1952 年开始传播基督教心理学以来。随后，他
成为了维也纳协会和神职人员最喜欢的精神分析师。他后来转向
知识分子左翼倾向，对卡尔·马克思（Karl Marx）和赫伯特·马
尔库塞（Herbert Marcuse）的信仰也使他成为了 1968 年学生运动
的领袖。

　　自 1956 年以来卡鲁索一直在南美进行演讲和担任客座教授，
据他自己的说法，他在巴西被任命为教授。从 1966 年到 1967 年，
他在格拉茨大学医学院任教，此后在萨尔茨堡大学担任教学专员。
他以进步的大学教师和精神分析师而著称。在接到柏林自由大学的
任职邀请后，1972 年，他被奥地利第一任科学部长赫塔·费恩伯格
(Hertha Firnberg) 任命为临床心理学和社会心理学教授，而且未经
教授资格答辩和任命程序。卡鲁索还是奥地利唯一教授精神分析的
教授。

　　由于他没有心理学方面的学历，只有教育专业的学位，因此
对他的任命更加令人惊讶。尽管他声称师从精神分析学的创始人
维也纳教授奥古斯特·艾希霍恩（August Aichhorn，1878—1949）
和德国精神病学家兼大学老师、著名的维尔茨堡心理治疗和医学

研究所创建者维克多·埃米尔·冯·格布萨特尔（Viktor Emil Von Gebsattel，1883—1976），完成了心理分析师职业培训。但是，没有任何这方面的证据。

卡鲁索成立了萨尔茨堡深度心理学和身心疗法研究和工作组，后来更名为萨尔茨堡深度心理学工作组。格哈特·哈雷尔（Gerhart Harrer，1917—2011）是董事会成员之一，自 1971 年以来，他担任萨尔茨堡大学法学院法医精神病学教授。此人在高中时期就曾经参与过纳粹的学生协会，后来加入了纳粹德国学生协会，并于 1935 年 2 月加入当时在奥地利还是非法的纳粹党卫军，成为党卫军 89 队的成员。他还曾听审过奥托·普洛奈陶（Otto Planetta）。奥托·普洛奈陶于 1934 年 7 月 25 日向奥地利总理恩格尔伯特·多尔富斯（Engelbert Dollfuß）开了两枪，实施刺杀，其中一枪致命。他于事发六天后被处决。自 1940 年起，格哈特·哈雷尔就一直是纳粹党成员。作为维也纳大学党卫军学生部的成员，他深入研究了遗传生物学和种族卫生学。在战争期间，格哈特·哈雷尔在卡鲁索的朋友阿尔弗雷德·冯·奥尔斯佩格（Alfred von Auersberg）的神经与神经外科专科医院担任助理医生。

哈雷尔还与安乐死医生海因里希·格罗斯（Heinrich Gross，1915—2005）保持着密切联系。海因里希·格罗斯曾参与了"埃姆·斯珀格朗地"机构（卡鲁索曾经的工作地点）谋杀儿童案，后来成为奥地利接受委托最多的法医精神病医生。在"埃姆·斯珀格朗地"，格罗斯参加了医学实验，尤其是对许多儿童进行的脑波成像。在这种实验中，空气通过脊柱被压入儿童的脑腔进行 X 射线检查。他们希望通过这种方式，研究出是否可以在活着的患者身上检测出结节性硬化症（TSC1 或 TSC2 基因的突变，导致细胞生长失控和肿瘤形成）。

直到 1975 年，海因里希·格罗斯的"前世"才为人所知，但他并未因此而受到起诉。杀人罪时效法令已经通过，检察官办公室始终拒绝对他提起谋杀罪控告。直到 1997 年，这项指控才得以进行。由于格罗斯已经丧失被审讯的能力，定于 2000 年 3 月 21 日进行的审判被无限期推迟。格罗斯于 2005 年去世。

在 1962 年才刚刚成立的年轻的萨尔茨堡大学，卡鲁索遇到了他维也纳时代的朋友和学生，心理病理学教授海莫·加斯泰格（Heimo Gastager，1925—1991）和心理学教授威廉·约瑟夫·雷弗尔斯（Wilhelm Josef Revers，1918—1987）。他们三人抱团，致力于研究根植于人类的深度心理学，因此对国内外的学生形成了强大的吸引力。此外，还开展了社会性的主题和活动，特别吸引"68潮流"那一代人。

在我加入萨尔茨堡深度心理学工作组时，上面所描述的所有关联还都尚未公开。卡鲁索的声誉还完好无损。很久之后，当我了解到那些背景时，它们深深地震惊并影响了我——一方面是出于对其所犯罪行的恐惧，另一方面是因为我感觉自己被虚假的完美欺骗，最终才窥见其外表之下所隐藏的深渊。

最令我们恐惧的深渊在我们的内在。我们远离它。我们害怕陷入其中，被其吞噬。我们抵抗将我们拉入其中的吸力。我们也否认它，好像它在我们这里不存在一样。例如，我们通过我们的善行，友善和看得见的爱去否认它。

但是，在这一切的背后，我们的深渊依然诡异地潜藏着。因为我们害怕它，所以我们过着不同的生活。有时，好像对我们来说它根本不存在。但是很显然，为了抵御内部深渊的吸引力，我们那些美德正在被吞噬。

这深渊最终会对我们有怎样的影响？如果没有它，我们会将决定性的力量投入对生命的服务，为生命带来进步吗？为什么我们在呼唤亲爱的上帝时，不惧怕上帝的深渊呢？例如，地狱？还能想象出比地狱更深的深渊吗？

为什么许多内在和外在的画面使我们着迷？那是上帝的深渊吗？这些画面是我们的吗？上帝的恐惧也是我们的恐惧吗？

尽管如此，我们的深渊也是一种保佑。它使我们小心，正是我们对它的惧怕保护我们避免跌落。无论我们爱什么，无论我们服务于什么，它都陪伴着我们。它使我们保持清醒。我们越是超越它，它就越强地吸引我们。因此，我们最好在它的近旁，在它的眼皮下面。

在参加萨尔茨堡深度心理学工作组期间，我被要求在那里做一次讲座。在那之前，我入手并阅读了亚瑟·亚诺夫（Arthur Janov）于 1970 年出版的《原始的呐喊》（*The Primal Scream*）一书。他的方法使我着迷，我已经将其成功地引入了团体动力工作。

亚瑟·亚诺夫 1924 年出生于洛杉矶，是心理学博士，他最初是一名弗洛伊德流派的心理治疗师，到 20 世纪 60 年代后期，经营着一间私人诊所。之后，他运用原始疗法（Primal Therapy）开发了一种自己的治疗方法。亚诺夫认为，儿童早期的创伤体验及经历和与其相关的原发性疼痛不仅会导致精神疾病，还会导致身体疾病；只有认识到这些心理和身体的关联，并允许由此产生的那些深刻感受，才能表现出持续的行为上的变化。

强迫性行为，例如购物、吸毒、酗酒、暴食和赌博成瘾，是对于创伤的抑制。在原始治疗中，原发性疼痛和创伤被重新恢复到意识中，克服心理防御机制。这样，通往健康生活的道路就变得清晰了。

强化阶段的原始治疗每天长达三小时，通常持续三周。此后每周进行三次治疗。治疗在隔音、无窗、四壁填充了泡沫的房间内进行，案主可以单独或分小组躺在垫子上。案主按时间顺序回溯过往，并报告有关事件。被压制的创伤回到意识中，并且在身体层面上重新体会这种所谓的"原始体验"。与此相关联的痛苦感受可以通过尖叫、哭泣和剧烈喘气被加剧——印度大师巴鲁，也就是后来的奥修也把这种疗法借鉴到他的团体治疗中。

亚诺夫最著名的来访者包括 1980 年在纽约被谋杀的前披头士乐队核心人物约翰·列侬（John Lennon）和他的妻子小野洋子。早在

1970 年，这对夫妻在读完《原始的呐喊》之后，就联系到了亚瑟·亚诺夫。约翰·列侬主要因与其父母的关系而深感痛苦。在约翰·列侬还是婴儿时，他的父亲就离开了家庭。他那不堪重负的母亲茉莉亚·列侬（Julia Lennon）在他五岁时就把他的监护权交给了自己的姐姐米米·史密斯（Mimi Smith）。这对母子在那之后的大约十年后才重新拉近距离。但是在 1958 年，茉莉亚·列侬被一个醉酒的警察在非执勤时间开车碾死，这对当时十七岁的约翰·列侬来说是又一次的创伤，因为他只能短暂地体验到与母亲的亲近。

在接受亚瑟·亚诺夫的"原始疗法"治疗之后，约翰·列侬创作了歌曲《母亲》（Mother），该歌曲于 1970 年发行在专辑 John Lennon / Plastic Ono Band 中。歌中唱到："妈妈，你拥有我，但我从未拥有你"，以及"父亲，你离开了我，但我从未离开你"。二重唱，"妈妈不走，爸爸回家"。歌曲的结尾增加了令人心碎的尖叫声，纯粹的原始呐喊。

我在萨尔茨堡深度心理学工作组中关于亚瑟·亚诺夫《原始的呐喊》一书的讲座并未获得积极反响。卡鲁索教授随后让我去找他，并且说我不能再作为工作组的成员了。他这是把我踢了出去。并且他还声明，他将拒绝承认我是一名精神分析师。他的原话是："作为东正教的主教，我不能接受一名'耶稣子民'的成员。"

"耶稣子民"是一种基层的基督教运动，起源于美国西海岸，在 20 世纪 70 年代初达到顶峰，并传播到欧洲。它部分基于嬉皮士意识形态，其追随者大多生活在乡野村镇，他们反对教会的仪式和体制。他们的目标是，回归耶稣所真正想要的。

当然，卡鲁索的说法是隐喻的。其意思可以翻译为：作为精神分析的卫道士，他不会接受任何支持其他治疗方法或新方法的人。实际上，这与天主教会的反现代主义誓言没什么两样。

几年之后，慕尼黑精神分析工作组还是认可了我的职业培训。1982 年，我获得了巴伐利亚州法定健康保险医师协会的准入许可，成为所谓的广泛心理治疗领域的非医学心理治疗师。这个准入许可后来又被我交了回去，因为我反正也不提供个人或团体治疗，也不作为心理治疗师遵循新的心理疗法进行工作。

现在回顾起来，对我来说，没有什么比被从萨尔茨堡深度心理学工作小组赶出来更好的事情了。我离开了一条停滞不前的轨道，新的方向向我敞开。实际上，这为我后来创立家族系统排列扫清了道路。

我继续寻找可以丰富我的治疗方法。于是，我参加了美国女心理治疗师、精神分析和团体分析师范尼塔·英格利希（Fanita English）的一次课程。在我写这本书的时候，她正期待着她的102 岁生日。她进一步发展了美国精神科医生埃里克·伯恩（Eric Berne，1910—1970）的人际沟通分析法。埃里克·伯恩用交流形式来解释个人对其现实的理解以及对自己生活道路的设计。1969年，他出版了开创性的著作《人生脚本：说完"你好"说什么？》（*What Do You Say After You Say Hello?*）一书。作为伯恩曾经的学生，范尼塔·英格利希在她的那次课程中介绍了人际沟通分析法中的脚本分析。

脚本分析的出发点是，每个人都遵循自己的剧本，也就是脚本，这种脚本是从童年就植根于潜意识中的生活计划，并在人们所有关系中发展为一种行为模式。伯恩认为，脚本来自于童年时期父母的负面指示。脚本的分析通常通过案主在五岁以前，和作为成年人在过去两年中感兴趣的童话、小说或歌曲来进行的。将这些童话、小说或歌曲背后的关键表述相互关联，并总结出对其生命有决定性意义的消息。伯恩为此提供了特殊的解决方案。人们通过将这些模式意识化，就有可能退出自己的脚本。

我把脚本分析也带入了我的团体动力课程中。在进行当中，我自己总是想出很好的解决语句。但是一段时间后，这种治疗方法对我来说变得深不可测。我在其中承担了对我来说太大的事情，因此对脚本分析退避三舍。后来，在家族系统排列中，我才再次重拾这种方法。

1974年，我飞往洛杉矶，向亚瑟·亚诺夫作了自我介绍，在他那里进行原始疗法的职业培训。我和妻子赫塔一起用了五个月的时间，每天去亚诺夫的中心几个小时，之后我又跟随他的一个学生在丹佛延长了四个月的职业培训。

在亚诺夫学院的职业培训开始之前，我被叫到他的办公室。他交给我一份长达十页的合同，其中林林总总地罗列出了我以后要做的事情。例如，我必须将收入的多少百分比支付给亚诺夫。我根本没有仔细阅读它，就立即签了名。然后，我得到了安宁。我很快地做出了承诺，我也完全不介意做出一个承诺——因为在那之后，我反正依然会做我认为正确的事情。在这件事情上我已经完全超越了道德。因为如果有个人想要一个诺言，那不是他应得的，但是我会给他那个诺言。这样他就满意了，而我就自由了。亚诺夫的其他一些学生反抗这份合同，他就向他们报复。他不需要向我报复，因为我已经签了字，他很满意。

然而，我意识到，只有在发展出至关重要的感受时，原始疗法才能产生解放的作用。但是，通过进行一定程度的练习，人们就可以进入这样的感受当中，而这与该疗法的目的恰好相反，这恰恰阻碍与童年时代的告别。

在与亚诺夫在一起一段时间以后，我发现训练期间的一些反应纯粹是演戏。例如，如果一个课程参与者过生日，他会得到一个蛋糕。之后，可以这么说，哭就成了一种义务。因为这个人收到了小时候没有得到的东西，即关注和照顾。有一次，我观察到一位参加课程的女治疗师收到了这样的生日蛋糕，她撕心裂肺地哭了。后来我对她说："那不是真实的，是演出来的，对吗？""是的，"她回答，"但是在这里你必须这样做。"这种哭泣就像是一种行为准则，与内在成长已经全无关系了。

原始疗法对我来说非常重要。但是过了一阵，我意识到，它很容易导致瓶颈的出现，人们有卡在倒退中的风险。在治疗过程中表达出来的大多数感受虽然都非常强烈，但是没有力量。相对于原始感受，我称其为次要感受。

许多感受是与某种实际情况相关联的，例如父亲的去世，失去母亲，与母亲的早期分离，某个孩子的死亡或男人和女人之间的爱。在所有这些感受中，来访者的眼睛是睁开的。如果我们见证这样的感受，我们可以分享它而无须放弃自己。是的，当我们分享这种感觉时，我们会感到自己更充实，我们感觉自己更人性化。我称这种感受为原始感受。

当这种感觉显现时，无须安慰，无须外部干预。如果有人试图干预，他只会打扰这一切。带着原始感受的那个人是完全与自己在一起的，并拥有力量。在这里还有一点非常重要：原始感受被表达之后，人们是可以行动的，他们非常清楚该怎么做。原始感受能够使人产生出行动的力量。

这与次要感受不同。次要感受服务于对另一种感受的抗拒，使人虚弱。它们是行动的替代品。自身不去行动，而是使其他人感到被要求去做某些事情，并且被要求的人也知道，那样做是无用的。在这种感觉中的人会向那些试图安慰或回应他们的人表明，他也是无能为力的。为什么呢？如果那个安慰者或回应者想要达成什么，那么他们自己也将不得不做一些事情。因此，次要感受服务于对解决方案的抵制。问题通过这种次要感受得以维持。

永远不要直接进入此类问题，但可以尝试转移注意力——例如通过开个玩笑。或者，以找借口暂时消失而拖延时间，当您回来时，那个人的戏剧性的感受通常就已经结束了，因为次要感受仅存在于他人的面前。没有观众，就没有回报。最重要的是，您可以让陷入这种感受的人睁开眼睛，仔细观察某个事物。因为，眼睛睁开时无法保持次要感受。奇怪的是，次要感受背后隐藏的真实感受通常与之所表达的恰好相反，常常有人在抽泣后睁开眼睛时会笑起来。

还有另一种感受，这种感受是最超脱的，我称之为元感（Metagefühle）。它是纯粹的力量。元感包括勇气、宁静、喜悦、智慧。其实，智慧也是一种感受。智者知道某事是否可行，因此他是智者。他不比别人知道得更多，但是，他知道什么是可行的。

回到德国，我在自己房子的地下室里改建了一个用于进行原始疗法治疗的房间。它是隔音的，并覆盖着深红色的皮革内饰。我每天提供大约三个小时的团组课程，每个小组有十名参与者，除此之外，我还接待两个个案。最初，我进行了两次周期为四个月的原始疗法治疗，之后，将周期缩短为四个星期。较短的治疗时间也带来了同样的效果。后来我将原始疗法与脚本分析相结合，把重点转移到治疗方法上。在为期五天的课程中，我保留了四天时间的脚本分析，只有一天时间进行原始疗法。因为随着时间的流逝，我发现，决定性的原始痛苦来源于早期移动的中断。因此，作为治疗师，需要帮助案主再次经历他的分娩过程。之后，支持案主朝向父母的方向移动。这就是所有的一切了。

来参加我课程的有心理学工作者、精神科医生和心理治疗师，但也有经理和艺术家等一些非专业人士。我还在家中为心理治疗师开设督导工作坊，用来讨论他们在诊所所遇到的实际案例。

1974 年，我在林道市心理疗法周的活动中举办了一次人际沟通分析课程。20 世纪 70 代初以来，林道市的心理治疗周活动逐步从报告演讲发展成为包括课程、讲座和大范围练习的一个专业大会。那一年，神经病学家、精神病学家和心理治疗师吕迪格·罗格尔（Rüdiger Rogoll）博士也举办了一个相应的工作坊。他被认为是欧洲最受尊敬的人际沟通分析师之一。他已经在美国的诊所实习了很长时间，并且曾经直接跟随埃里克·伯恩学习。在治疗周期间，吕迪格·罗格尔和我彼此建立了联系，从此，我们不仅开展了富有成果的合作，而且建立了亲密的友谊。

吕迪格·罗格尔随后参加了一次我的原始疗法课程，并持续几年来参加我那里进行的督导工作坊。同时，我请他以督导的身份参加我的原始疗法课程。1977 年，我也去他那里接受人际沟通分析方面进一步的职业培训，以便加入德国人际沟通分析学会，并成为其会员。但是，我在这个学会里遭遇了与在萨尔茨堡深度心理学工作组一样的事情。尽管吕迪格·罗格尔是我的导师，但我还是被拒绝了——最终，这些反而都是我的幸运。

多年以来，我继续学习其他的治疗方法。因为在我五十岁之前，我都仍然没有感觉到自己的完整，所以我还在寻找。对于自己，我还看不清晰。所有我学习到的，我都在自己身上做了尝试，也在其他来访者那里进行了实践。因此，我获得了大量宝贵的心理治疗经验——没有证书和协会会员资格。老实说，我对它们也从来不感兴趣。因为它们会让我被那些团组和它们所有的理念所束缚。我也从来不让自己越来越深地陷入自己的思路中。

美国精神科医生米尔顿·埃里克森（Milton Erickson，1901—1980）的催眠疗法给我留下了深刻的印象。他认为，每个人都在他们的无意识中带有自我修复的可能性，而这种自我修复可以通过催眠被激活。他还强调在进行这种治疗时，来访者的个性以及与之相关的一种特殊通道的必要性。米尔顿·埃里克森在接待他的来访者时十分尊敬他们，甚至会注意到他们最小的动作，因为这些动作通常是最重要的，会显示出案主真正的诉求。而真正的诉求通常与来访者所说的相反。例如，某人在讲述一些事情的时候一边说一边摇头，那么他所说的话常常不是事实。我从中学到了很多对于后来的家族系统排列有用的东西。

我还从米尔顿·埃里克森的催眠疗法中借鉴了简单表达的原则。因此，在家族系统排列中没有艰涩难懂的技术术语，每个人都可以立即轻松地理解一切。例如，我不谈论身份认同，而是讲承接到的感受。

我要感谢米尔顿·埃里克森的两个学生，他们使我对米尔顿·埃里克森的催眠疗法有了更深的了解。他们是美国心理学家杰弗里·K. 萨德（Jeffrey K. Zeig）和斯蒂芬·R. 兰克顿（Stephen R. Lankton），二人都出生于 1947 年，都通过他们的出版和教学活动为埃里克森方法的理解和系统化做出了贡献。后来，给我留下了深刻印象的还有美国心理学家斯蒂芬·吉利根（Stephen Gilligan，生于 1954）的工作。他将埃里克森的催眠疗法发展成所谓的自我关系心理疗法。在这种"与自我相关的心理治疗"的帮助下，他鼓励他的来访者将消极的思想转化为积极的能量。在这项工作中，他融合了合气道、佛教和冥想的元素。

通过神经语言程序设计（NLP）的职业培训，我对催眠疗法进行了补充，NLP 是催眠疗法的基本应用和扩展。这是一种通过使用语言来影响思维和行动的方法。学习这种方法可以支持人们通过最小的变化，从固定的行为和与之相关的内部图像中释放出来，从而摆脱他们的僵化。同时，NLP 还帮助人们更好地了解自己和他人。NLP 就是这样成功地促进交流的。

我自己也开设了 NLP 课程，但最重要的是，我通过催眠疗法和 NLP 了解了自发事件的治疗意义。这些方法可以带着尊重、完全包容地激励来访者做出积极的改变。我本来很希望将这些方法也带入我的工作中，但是我一直没想到如何进行 ——直到在一次课程中，有个人突然说：

"讲一个故事吧。"

这就像是一个最初的火花，大小俄耳甫斯的故事立刻浮现在我的脑海中。我非常喜欢这个故事，因为它显示了什么才是生活中真正重要的部分。

对我们来说，幸福似乎既诱人，又具有欺骗性；既有吸引力，又有危险性。因为我们所渴望的往往会带来不幸，而我们害怕的往往带来幸福。有时，我们宁愿抓住不幸，因为它看起来是安全的或是庞大的。或者是因为我们认为它是清白、功绩，或是好运的保证。然后，我们可能鄙视幸福，认为它普通或短暂。或者，我们会像害怕内疚和背叛或者犯罪一样恐惧它。又或者，把它视作不幸的预兆。所以，我把这个故事称为"两种幸福"：

两种幸福

从前，在众神仍然与人类非常接近时，在一个小镇上，住着两个名叫俄耳甫斯（Orpheus）的歌手。

这两人其中的一人是伟大的歌手。他发明了基塔拉琴，这种琴是吉他的前身。当他拨动琴弦歌唱时，连他周围的大自然都会陶醉，野兽在他的脚下臣服，高大的树木向他鞠躬。没有什么能抵抗他的歌曲的吸引。因为他如此伟大，他就吸引了最美丽的女人，然后他的衰落就开始了。

在他的婚礼当中，美丽的欧律狄克死了，装满美酒的酒杯在被他举起的时候破碎了。但对于伟大的俄耳甫斯来说，死亡并不是终结。在他高雅的艺术的帮助下，他发现了进入冥界的入口，进入了阴暗的冥界，穿过遗忘溪流，从地狱猎犬面前走过，活着走向了冥王的宝座，用他的歌声感动了冥王。

冥王释放了欧律狄克，但提出了一个条件。俄耳甫斯太高兴了，甚至没有注意到这恩惠背后隐藏的恶意。

他踏上归途，听到了他身后心爱的女人的脚步声。他们安全地经过了地狱猎犬，越过了遗忘溪流，开始走向光明，已经能从远处看到光亮了。这时，俄耳甫斯听到一声尖叫，欧律狄克被绊倒了。他惊慌地转身，只看到跌入暗夜的影子，他已是孤身一人。痛苦到难以置信的他唱出了诀别的歌："哦，我失去了她，我所有的幸福都随之而去。"

他独自回到光明之中，但生命对于他来说因为死亡而变得陌生。当醉酒的女人们想勾引他去参加新酒节时，他拒绝了，于是，她们活生生地撕碎了他。

他的艺术有多自负，他的不幸就有多惨烈。不过：全世界都知道他！

另一个俄耳甫斯是个小人物。他只是个吟游歌手，他在小型的庆典上表演，为小人物演奏，制造些许快乐，自己玩得非常开心。由于他无法依靠自己的艺术生活，他学会了另一种平凡的职业技能，娶了一个普通的女人，拥有普通的孩子，偶尔犯点错误，拥有平凡的快乐，碌碌终老，人生圆满。

但是，没人知道他——除了我。

这个故事之后，就像是开了戒，我写了很多故事。在某些情况下，我会不由自主地想到它们。直到现在，我仍会在课程中使用它们。故事通常是针对某位特定的来访者，但我不会告诉对方。我总是把故事讲给整个小组，因为通常其他人也会被这些故事感动。例如，以下故事就是这种情况，实际上这是为患有哮喘的来访者准备的。

清扫

有一个人住的一座房子里，随着时间的推移，多年以来在他的房子里积累了很多的杂物。许多来访的客人来时带着行李，当他们离开时，有些就把他们的行李留在了那里。事实上他们已经一去不复返，但看起来似乎他们还留在那里。房主自己积累的东西也都留在家里。一切都无法成为过去或者消失不见。甚至一些破损的物件上都缠绕着过去的回忆，留在那里，它们占据了一些更美好的事物的位置。直到房主感觉到快要窒息了，他才开始整理所有的物件。他从整理书籍开始，他要决定是否还要继续浏览那些老画，是否还要继续了解书中的故事和陌生的理论。他清空了房子里早已变得陈旧无用的物品，房间变得明亮起来。然后他打开来访的客人留下的箱子，看看能否发现一些对他有用的东西。他将贵重有用的东西留在一边，将其他无用的一切清理到房子外面。他将所有的陈旧物品扔进了一个很深的大坑，然后用土填平了大坑，并在上面种植了绿草。

很容易看出在直接采取行动和讲故事之间的区别是什么。在大多数情况下，得到良好建议的人会觉得自卑。他如何保护自己免受这种自尊心受挫的感觉呢？为了维护自己的尊严，他不听从建议，甚至可能做相反的事。而讲故事的方法却相反，故事维护了他的尊严，而隐藏在故事中的忠告就很容易被他们接受。故事就是这样带来疗愈的。

我还接触过美国社会工作和精神病学教授弗兰克·法雷利（Frank Farrelly，1931—2013）的挑衅性治疗。在短期治疗期间，他幽默地挑战他的来访者，不带来伤害或侮辱地对来访者的自我攻击行为或卡住的思想进行规劝。这使案主也可以笑自己，并获得改变的自由。

除此之外，我还参加了在布加勒斯特出生的精神病学家和心理剧疗法创始人雅各布·列维·莫雷诺（Jacob Levy Moreno，1889—1974）的课程。他在维也纳生活了很长时间，并于 1925 年移居美国。来访者像演话剧一样，作为主要角色上演他精神上的主题。在团队的帮助以及一位表演指导者（即治疗师）的支持下，通过自发性的行为和创造力走出卡住的角色结构。

在 20 世纪 70 年代，另一个方向变得越来越意义重大：家庭疗法。这为我后来创建的家族系统排列铺平了道路。

当时，具有开创性意义的著作《看不见的忠诚：家庭系统中的动力》（又译《看不见的联结》）一书于 1973 年首先在美国出版，后于 1982 年出版德文版。作者为伊万·鲍斯泽门伊－纳吉（Iván Böszörményi-Nagy，1920—2007）与杰拉尔丁·M. 斯帕克（Geraldine M. Spark）；前者出生于布达佩斯，精神病学教授，在维也纳生活了很长一段时间，后来移居美国，他是费城东宾夕法尼亚精神病学研究所的负责人，该研究所已发展成为美国最大的家庭治疗培训中心。他最重要的创新之一是多代人的观点：在治疗中考虑了家族中超过两代的人。这样可以防止冲突模式的转移和关系模式的重复。根据经验数据，鲍斯泽门伊－纳吉还认识到，家庭成员的参与，可以更成功地治疗精神分裂症患者。

对我来说，美国心理治疗师维吉尼亚·萨提亚（Virginia Satir，1916—1988）的工作也具有特殊意义，她经常被称为家庭疗法之母。与鲍斯泽门伊－纳吉相似，她努力使来访者的几代家人参与她的治疗工作，以便她处理家庭系统中的模式和问题。1959 年，维吉尼亚·萨提亚是斯坦福大学在帕洛阿尔托的著名心理研究所的创始团队成员。在她的领导下，那里诞生了美国第一个家庭疗法职业培训计划。

维吉尼亚·萨提亚的杰出成就还包括开发了所谓的"家庭雕塑"。真正的家庭成员像人类雕塑一样排列着。他们通过所采取的身体姿势以及当时所产生的思想和感觉表现他们之间的相互关系。通过这种方式，来访者可以认识到，他们与自己的关系以及与家庭中其他人的关系，以及这些关系是如何通过家庭系统中隐藏的过程和结构决定的。

除此之外，维吉尼亚·萨提亚还开发了家庭重建法，这是一种精神剧和格式塔疗法的结合。来访者穿梭于家族历史上各种不同的角色中，重新经历那些深刻烙印的或形成创伤的事件。通过这样的方法，来访者可以改变自己的视角。

我还与心理学家吉里娜·普雷科普（Jirina Prekop）建立了密切的联系和友谊。吉里娜·普雷科普于 1970 年从捷克斯洛伐克来到德国。她从事所谓的"保留疗法"。后来，我们共同举办了几次课程，在这些课程中，我们将这种疗法与我的家族系统排列进行了结合。

20 世纪 80 年代初，我在林道心理疗法周上参加了汉堡 - 埃彭多夫大学诊所的精神病医生和医疗总监特亚·舍恩菲尔德（Thea Schönfelder，1925—2010）的课程。她是德国第一位被任命为儿童和青少年精神病学教授的女性。通过她，我遇见了家族系统排列。特亚·舍恩菲尔德在进行家庭雕塑时并没有与来访者的真实家庭成员合作，而是与代表（即小组中的人）合作，这些代表代替那些家庭成员站在他们的位置上并代表了这些人。

在那次课程中，特亚·舍恩菲尔德选择我作为一名精神分裂症男孩父亲的代表。我让自己完全没有预设条件地被排列，并且很自信和善良。突然她挪走了那个男孩的代表，我就陷入了一个深坑，我不再是我自己，最终我感觉自己处在另一个广阔而平和的地方。后来，我在林道心理治疗周上再次遇到了特亚·舍恩菲尔德，又一次为她的工作所感动。我不明白那当中发生了什么。甚至连她自己也没有提供任何背景解释。

后来我参加了在落基山脉高处的美国斯诺马斯举行的为期四周的家庭治疗课程。这次课程由两名美国家庭治疗师露丝·麦克伦登（Ruth McClendon）和莱斯·卡迪斯（Les Kadis）带领。我再一次做了一个角色的代表，又一次经历了起起伏伏。我还是不明白，露丝·麦克伦登和莱斯·卡迪斯也没有解释。

一年后，露丝·麦克伦登和莱斯·卡迪斯来到德国，开设了两次多家庭疗法课程。五天内，他们同时治疗了五个家庭的父母和孩子。我依然很难掌握每一次疗愈具体发生了什么。体会就在那里，但却无法理解。然而我了解了一件事：未来就在这里。

第七章 ——

家族系统排列的

突破

　　家族系统排列并不是为我从天而降的一种认识。我更多地是把特亚·舍恩菲尔德、维吉尼亚·萨提亚、露丝·麦克伦登和莱斯·卡迪斯的工作中，迄今为止不为人们所了解的精神的作用关系做了阐述。实际上，我长时间主持的脚本分析的课程使我更容易地进入了这个领域。脚本分析的创立者埃里克·伯恩发现，我们在按照一个秘密计划生活着，那就像一个我们在人生舞台上几乎一字不差执行着的戏剧脚本。但是我却发现，脚本中有些台词不适合人们自己的生活。

　　这个洞见是我在与我的朋友吕迪格·罗格尔（Rüdiger Rogoll）博士的一次谈话中得到的。他向我讲述了一位来访者的脚本分析，这位来访者讲述的童年早期故事是《白雪公主》，而过去两年中的故事是《卡桑德拉传奇》。卡桑德拉（Kassandra）是希腊神话中特洛伊王普里阿摩斯（Priams）的漂亮女儿。阿波罗神爱上了她，并赐予她预见未来的天赋。但是卡桑德拉蔑视他，于是阿波罗诅咒了这项赐予她的天赋——没有人会相信她的预言。她徒劳地预警了特洛伊的灭亡。特洛伊被征服之后，她在雅典娜神庙中被洛克人阿贾克斯强奸，并被阿伽门农作为奴隶带到迈锡尼。在迈锡尼，阿伽门农被他的妻子克吕泰涅斯特拉（Klytaimnestra）和她的情人埃癸斯托斯（Aigisthos）一起谋杀。卡桑德拉也遭受了同样的命运。

在《白雪公主》的童话中，国王美丽的女儿在其邪恶继母的指挥下遭遇谋杀，但是她可以逃到七个小矮人那里。

在脚本分析中将这两个故事结合在一起的句子是："一个血统高贵的年轻女子正在离开家。"然后，吕迪格·罗格尔要求来访者向他的父亲询问这句话。父亲的回答如下："现在我必须要告诉你了。在我娶你的母亲之前，我曾经和另一个女人在一起。我和她有一个孩子，一个女孩。但是我们住的地方是不可能容得下一个私生子的，那样的孩子会被骂是'杂种'。为了保护这个女孩，我们把她送到很远之外的另一个家庭。"这位来访者对此一无所知。尽管如此，他还是在他的人生脚本中设置了他同父异母的妹妹。

听到这些时，我感到如遭电击。因为，我也曾经有过类似的经验。我的一位来访者在脚本中讲到的是莎士比亚的悲剧《奥赛罗》。这出悲剧中讲的是，统帅奥赛罗（Othello）被阴谋诡计煽动，出于嫉妒杀死了他的妻子苔丝狄蒙娜（Desdemona），并在得知真相后自杀。埃里克·伯恩曾认为，脚本来自于童年时期父母的负面指示。但是，一个孩子是无法亲自体验奥赛罗这个角色的含义的。因此，我问那位来访者："在您的家族中，谁出于嫉妒杀死了谁？"来访者回答说："我的祖父杀死了他的对手"。

突然间，我意识到，大多数脚本其实与个人经历无关。脚本更多地是被从其他家族成员那里承接来的。我们在自己人生中演绎的脚本，以前已经由我们家族中的另一个人执行过了。基本上，我们只是在承接并重复进行。那是我顿悟什么是"纠缠"的那一刻：我们在命运中被从我们家族中迷失的人纠缠，因为家族中的人们遗忘了这个人或者把这个人排除在外。突然之间，我也理解了家族系统排列中发生了什么。家族系统排列通过代表揭示了谁是那个被排除在外的人，以及他们怎样才能重新回到家族当中，回到我们心里。这会使许多人松一口气。

同时，我正在撰写一篇报告，内容是关于系统中的愧疚和清白，以及其中遵循着的一个原始序位。较早在系统中的人们优先于较晚的人们。对我来说，那是关于家族系统排列的突破。我称之为"爱的序位"的主导家族系统排列的其他序位，是在我的冥想中向我开启的。我每天都会花几个小时时间冥想。

像所有伟大的洞见一样，这些后来成就家族系统排列的思想同时在不同的聪明的大脑中浮现。一种在家族系统排列中作用的伟大概念同时在几个人那里出现。这些人包括埃里克·伯恩（Eric Berne）、特亚·舍恩菲尔德（Thea Schönfelder）、维吉尼亚·萨提亚（Virginia Satir）、露丝·麦克伦登（Ruth McClendon）、莱斯·卡迪斯（Les Kadis）、杰弗里·K. 萨德（Jeffrey K. Zeig）和伊万·鲍斯泽门伊－纳吉（Iván Böszörményi-Nagy）。

伟大的瑞士精神病学家卡尔·古斯塔夫·荣格（Carl Gustav Jung，1875—1961）去世次年后出版的自传中也曾经写道："在我整理家谱时，那些把我和祖先们捆绑在一起的神奇的命运联结清晰了起来。我强烈地感受到，我深受那些我的父母或祖父母以及其他祖先遗留的未能圆满的事件和未曾回答的问题的影响。通常看来，就像家族中存在着一种个人的业力，这种业力会从父母那里传给孩子。所以在我看来，我似乎总是不得不回答一些在我祖先的命运中已经被提出，但是还没有被回答的问题；或者，好像我必须完成甚至是继续去做一些从前遗留的未完成的事情。"[卡尔·古斯塔夫·荣格：《荣格自传：梦·记忆·思想》，由安妮拉·贾菲（Aniela Jaffé）记录和编辑，Walter Verlag Zurich und Düsseldorf，特别版，2003 年第 13 版，第 237 页] 这真的令我印象深刻。早在家庭治疗创立之前的十年和家族系统排列创立之前的大约二十年，卡尔·古斯塔夫·荣格已经如此之早地对家族中的纠缠产生了感觉。迄今为止，我依然感激我所有的老师，是他们引导和带领我理解了在家族系统中起作用的那些法则。我把对这些法则的认知视作一份极大的礼物。这种认知是被赋予我的，无论它来自何种力量。爱因斯坦可能会说，这是思想的力量。因为当他被问到是什么启发他发现了相对论时，他回答说这是源于不断地思考。

　　我个人认为，那些重大的理解永远是一种恩赐。这就是为什么我总是带着极大的谦卑看待我在家族系统排列中所能取得的成就。我从来没有梦想过，我带来的这种所谓的"对生命的帮助"会在全世界范围内被人们学习并践行，我因此能够帮助到如此多的人，这个事实使我对自己的命运感到高兴，并充满深切的感恩。

　　我们何时会以一种特殊的方式感受到成功？当我们所做的事服务于生命时。从这个意义上来讲，最大的成功是生育一个孩子，然后是帮助这个孩子适应生活，直到这个孩子能够继续延续生命。

　　每当我们以某种方式服务于我们的或他人的生命，就是一种持久的成就。生命就是靠着这种服务得以维持和延续的。

　　我们会为这样的成功而感到骄傲吗？是的，以一种很好的方式。父母为自己的孩子感到骄傲，还有，当我们取得某些丰硕的成果时，我们也会感到骄傲。在这里，骄傲是当我们一种以美好的方式为生活服务后向外表现出来的幸福。这些成功是持久驻留的，因为生活会伴随着它们继续下去。

　　胜利也是成功。如果我们在一场比赛中是最棒的，那是一种个人的成功。争夺最佳的名次及其释放的能量可以服务于生命。所有参加比赛的人，包括为了生存而被迫参加的人，即使在个别情况下被击败，也会使生命延续。生命必须持续前进，只要不断前进，就是成功。我们必须面对生命中各个领域的竞争并且认可这些竞争。

　　彼此竞争的许多人可以携手合作，共同达成比他们个人能够做到的更多的事情。他们的成功将是共同的成功。他们的成就如果使许多人受益，那么这个团组就会比个人更加为这一成功感到骄傲。许多成功会如同从指缝溜走的细沙般消失，特别是那些以自我为中心而没有服务于生命的成功。除非我们也将它们纳入对生命的服务，不然，这样的成功是无法留存的。

　　这样的成功是个人的成就，需要个人的投入。我们经由它们获得成长。而以牺牲他人为代价，尤其是以牺牲您和您家人的生命为代价的成功，情况就不同了。

我们如何以一种良好的个人方式保持成功？如果通过我们的成功，其他人的生命能够有所收获，这样的成功会使我们和他人都感到开心。

第八章

经典的家族系统排列

　　从 1982 年开始，我提供现在被我称之为"传统家族系统排列"的课程。这种工作方法后来被我与我的第二任妻子索菲一起发展成为"新家族系统排列"。

　　起初，我认为家族系统排列只是对精神科医生和心理治疗师工作的一种丰富。后来，我的这个观点改变了。我意识到，这种工作方法对外行人同样重要。这就是为什么我不把家族系统排列以及新家族系统排列说成是一种治疗方法，而是说，这是对生命的帮助。要进行家族系统排列的人总是想为自己澄清一些事情，例如某种疾病的原因或者夫妻关系中的困难的背景可能是什么，亦或阻碍他生命中成功的因素是什么。

　　传统家族系统排列的进行实际上非常简单。排列师为来访者的家庭成员选择代表，然后代表们在团组面前将他们彼此之间的联系呈现出来。有时，也会由来访者选择代表。突然之间，代表会拥有像他们所代表的人一样的感受，尽管代表们并不认识他们。代表们有时会用被代表的那些人的声音说话，并拥有那些人的某些症状。例如，开始颤抖、听不清楚或者看不清楚。

　　这些现象是用传统思想无法解释的。到目前为止，在众多试图解释的尝试中，最接近的说法是，代表进入了另一个精神领域。英国生物学家鲁珀特·谢尔德雷克（Rupert Sheldrake）称其为形态发生场，这意味着一个家庭或一个团组中以前的事件以及与之相关的感受都存储在一个公共存储器中。

设立排列代表之后，排列师会询问来访者他的感受。通常，他会深受排列结果的触动，因为排列的结果与他的想象是不同的。然后，排列师询问代表们各自的感受。接着会对他们的位置进行改变，直到最终每个人都感觉良好为止。通常还会再选择其他代表进入排列。例如，如果所有的人都朝着同一方向看，就意味着：他们正在看向某个被家族排斥或遗忘的人。通常，这会是一个早逝的孩子。当为这个孩子选择一位代表加入排列后，其他的人都会松一口气。通过这样的方法，一些被隐藏的序位就会被揭示出来，这些被揭示出来的序位往往是至关重要的。

排列由排列师引导，由排列师决定必须由哪些其他的人来代替家族中的成员进入排列，并通过运用一些解决问题的句子来帮助恢复家族系统中的秩序。还应该注意的是，排列不仅会给来访者带来影响，而且还会影响由代表们代表的，来访者家族的那些真实存在的成员。一次家族系统排列所带来的影响有时可以持续十年。

家族系统排列的着眼重点是当下或者原生家庭。如果主要涉及一对夫妇及其子女时，通常会呈现出他们的问题与他们原生家庭中未解决的问题有关。聚焦的重点仍然停留在这两个家庭的范围内。

我的成果是，我认识到了哪些法则在家族中起着作用。而对于人际关系秩序的基本见解是我在漫长的认识道路上一步一步逐渐获得的。我以纯粹的现象学的方法进行研究，这意味着，我只以排列中一次又一次的呈现和在排列中得到验证的呈现为导向。这些法则与伦理或道德无关，也不跟随理智。对这些法则的违背，会产生灵魂和精神的痛苦，甚至会引起身体上的疾病。它们是普遍且恒久的法则。我称其为"爱的序位"。

第九章

良知的区别

　　在了解到"爱的序位"之前，我还有另一种革命性的洞见：我了解到，良知有着不同的类型。当我运用传统家族系统排列工作时，我意识到两种良知的形式：个人良知和集体（也称之为家族）良知。这些涉及灵性场域。后来，在"新家族系统排列"中，又增加了第三种良知。但是我还不想提前剧透，因此在这里我先只限于对前面两种良知的描述。

　　个人良知是一种感觉，通过这种感觉，我们可以立即感知到我们从属于家族或从属于一个群体所必须的条件。这种感觉类似于平衡感：一旦我们偏离平衡，我们就会感到头晕。这种头晕的感觉使我们立即改正我们的姿势，以便我们能够恢复平衡并保持稳定。个人良知也类似这样起作用。一旦某人偏离了家族或其所在的团体的规则，那么他就不得不担心自己的行为会使自己失去在家族或团体的归属权，他就会有不好的良知的感觉。而且，因为这种感觉很不舒服，这种不好的良知就会使他改变自己的行为，以便他可以再次被家族或团体所接纳。

　　我们所体会到的良知分为好的良知和坏的良知。好的良知，使我们感觉良好；而不好的良知，使我们感觉很糟糕。当我们的所思所想所觉与我们所从属的人们和群体的期待和要求不符时，我们就会有不好的良知。这对我们的福祉和生存至关重要。以此维系的这种从属使我们感受到惬意和舒适。我们不必担心会突然独自一人而毫无防备地存在。实际上，我们的良知一直在注意使我们与这些人和团体保持联结。一旦我们危及这种归属或者我们远离这些人和团体时，我们的良知会立即注意到。然后，它会用一种恐惧感引起我们的注意。因此，我们决不能低估个人良知的重要性。个人良知也在社会和文化中显示出其崇高的地位。

因为这种良知只将我们与特定的某些人和群体绑定在一起，同时排斥其他人和其他群体，所以，这是一种狭隘的良知。因此，通过这种良知呈现出的结果会有善与恶的区别。一切可以确保我们归属的，都让我们体会到好的良知。对此我们不会深思熟虑——以经验来判断——它是否真的好，亦或这对我们或其他人其实是不利的。即使对这个灵性场域之外的观察者来说，这显得非常奇怪，甚至是威胁生命的，这种所谓的"好"依然会被不假思索地感受和捍卫，因为它仅仅是作为"好的良知"被感受着。

"坏"也是如此，只是，我们对"坏"的感受比对"好"的感受更强烈。因为这种"坏"与恐惧相关联，我们害怕自己会失去归属，从而丧失生存的权利。因此，对于"好"与"坏"的区分是服务于个体在其所从属团体中的生存的。

当我们身处于一个团组之中并受其摆布时，个人良知对我们的约束最为强烈。一旦我们在这个团组中获得权力或相对于这个团组变得独立时，约束就会变松，良知也因此会随之放松。

弱者是坚守良知和保持忠诚的，因为他们是被约束的。一个家庭中的孩子、企业中的下层员工、军队中的普通士兵、教会中的大众信徒，都是如此。为了强者的利益，他们甘愿冒着牺牲健康、清白、幸福和生命的风险，哪怕那些强者可能出于自己所谓的"更高的目标"而毫无良知地利用他们。这些是为了"大人物"奉献出自己头颅的"小人物"、刽子手、"干脏活"的人、失势的英雄、跟在牧羊人身后被带向屠宰场的羔羊，以及那些被人卖了还帮着数钱的人。

在受良知约束的地方，是划分归属与排斥的地方。如果想留在我们的团组中，相对于其他人享有我们的归属权，我们就常常不得不拒绝或否认其他人，仅仅因为他们是与我们不同的。因此，总是跟随自己良知的人，都会拒绝别人。为了成为他的家族或团体的一部分，他必须贬低和诋毁那些因为良知不同而与他们不同的人，认为自己比他们更好。如此，我们就会因为良知而变得对别人来说面目可憎。因为那样的话，我们就必须打着良知的名义，期望那个我们自己最担心的、最严重的后果和最大的威胁发生在别人的身上，甚至会做些什么使这个后果发生在他们身上，仅仅因为他们是不同的。而这个我们最担心的，对我们来说最严重的后果就是：被团体排斥在外。

然而，其他人也会在良知的名义下对我们做出像我们对付他们一样的事情。这样，我们就会以良知的名义相互设定一个"好"的界限和一个"坏"的界限。所有的有关"好"与"坏"，被选择与被拒绝，或者上天堂还是下地狱的区别都来自良知。

然而，清白与负罪和"好"与"坏"不同。因为，我们常常带着"好的良知"而行坏事，而带着"坏的良知"而行好事。我们带着"好的良知"而行坏事，因为这些事服务于我们，以及对我们的生存来说至关重要的同团组的联结。我们带着"坏的良知"而行好事，因为这些事损害我们与这个团组的联结。

如此，某些人的"好的良知"和另一些人的"好的良知"就变成了将人与人，民族与民族，以及各种宗教分隔开来的根源。他们各自的"好的良知"使他们彼此对抗。使针对他人的最残暴行径变得理所应当，例如在宗教战争中发生的那些惨剧。这样，良知就站在了对他人的尊重与爱的对立面。

良知的尺度是契合于我们所属的群体的。因此，来自不同群体的人们有着不同的良知，而从属于多个群体的人对每个群体都有着一种不同的良知。在群体中，良知就像牧羊犬看守着羔羊一样使我们随群而居。但是，当我们改变环境时，为了保护我们，它的颜色就会像变色龙一样改变。所以，我们在母亲面前与在父亲面前的良知不同；在家庭中与在职场上的良知不同；在教堂里与在餐桌上的良知也不同。但这始终与联结、联结的爱（依恋）以及对分离和失去的恐惧相关。

如果仔细地看向个人良知，我们会发现它遵循三个需求。基本上，个人良知甚至与这些需求是一致的。

（1）已经描述过的对归属的需求。

（2）对于给予与得到之间平衡的需求。

这种需求使系统成员之间的交流成为可能。由于这与归属的需求相关联，因此它通常表现如下：如果我收到了一些好东西，那么我就有对平衡的需要。因为我感觉到自己的从属和被爱，所以我付出比得到的更多一些。其他人也一样：他也回馈更多一点。这样就增进了交流并且加深了关系。

这种对平衡的需求也有不利的一面：如果有人对我做了某事，我就也有对他做某事的需求。这样，坏的交流就增加了。对正义和复仇的需求如此强烈，以至于常常为此牺牲掉归属感。许多分歧和争议，包括民族之间的斗争，都与这种对正义和复仇的需求有关。正确的和所谓的"好的平衡"是，对他人造成的伤害比自己所经历的少一点。

（3）对序位的需求。

有些游戏规则是必须被遵守的。遵循这些规则的人，会感到自己是尽职尽责的；不遵循这些规则的人，会感到他们要为此付出代价，例如，必须支付一笔罚款。

在这种良知的背后，我们感受到另外一种良知。这是一种强大的良知，其作用远远强大于个人良知。然而，从感觉上来说，它在很大程度上仍然是无意识的。这更为广泛的第二种良知，就是集体良知，或称为家族良知。它也代表了那些被排除在外的人们的个人良知的诉求。因此，它经常与个人良知相冲突。这是因为，我们认为个人良知比集体良知优先。但是，只有当了解了集体良知的永恒法则——爱的序位，我们才能够做到这一点。我的妻子索菲后来为这些法则创造了"生命基本原则"一词。我必须承认，这种表达更符合这些法则的根本含义。因为，我们的幸福、我们的成功，甚至我们的健康都取决于我们对它们的遵从。坦率地说：对于爱的序位的了解决定了我们的生与死。

第十章 ——

爱的第一种序位：归属的权力

　　集体或家族良知是一种团体良知。因为每个人与他们的父母和家族都在一个命运共同体中相联结。我们还从我们父母那里分享他们的家族，从而成为这个联结父亲和母亲的家族的一部分。

　　一个家族好像是由一种联结所有成员的力量以及一种对所有成员均能发挥作用的秩序感和平衡感维系在一起的。被这种力量联结和制约的人，以及那些重视这些意义的人，是属于这个家族族群的。通常，是如下这些人员：

　　（1）所有的孩子，包括被堕胎的、流产的、出生时就死亡的、被送养的和被遗忘的孩子，还包括同父异母或同母异父的兄弟姐妹，都全部算作家族成员。

　　（2）父母及其亲生的兄弟姐妹，包括那些被堕胎的、流产的、出生时就死亡的、被送养的和被遗忘的。

　　（3）父母的前任伴侣。

　　（4）祖父母和外祖父母，但不包括他们的兄弟姐妹（在这一点上有时有例外）。

　　（5）在特殊情况下，祖父母或外祖父母的前任伴侣。

　　（6）所有因其过早死亡或因失去他们而使家族受益的，以及为现在的家族及其后代的生存做出贡献的家族成员。

（7）当家族成员对他人的死亡负有责任时，他们的受害者就成为了家族中的一部分。

（8）相反的情况也适用：如果家族中有人成为家族之外的谋杀者的受害者，那么这个谋杀者也归属于家族。

（9）如果家族因伤害其他人而受益，则这些受害人也归属于家族。

个人的良知可以被个人感觉到，并服务于个人的归属和个人的生存，而集体或家族良知则将整个家族视为一个整体。因为与命运共同体紧密连接的是对家族完整的维系，即家族的完整性。

因此，服务于这种良知的第一种序位是：家族中的每个成员都有相同的归属权。但是，在许多家庭和家族中，都有一些成员被剥夺了这项权利。例如，当一个已婚男子生下一个私生子时，他的妻子有时会说："我不想知道关于这个孩子和他的母亲的任何事情，他们不属于这里。"或者如果一个家族成员拥有沉重的命运，例如，祖父的第一个妻子在生孩子时去世，她的命运使其他人害怕，他们不再提起这件事，就好像那个女人不再是他们当中的一员。

早逝或早夭的孩子们也经常被剥夺这项权利，例如，他们常常被遗忘。有时父母会给下一个孩子取同那个死去的孩子一样的名字。他们以这种方式对那个死去的孩子说："你不再是我们这里的一部分，我们已经有了一个你的替代品。"这样的话，那个死去的孩子甚至连他的名字都无法再拥有。对于有些特立独行的家族成员，家族中的其他人通常也会对他说："你是我们的耻辱，因此我们把你排除在家族之外。"

在现实中，许多高傲的道德无非是有些人对另一些人说："我们拥有比你们更多的归属权。"以及："你们拥有的归属权比我们少。"或者是："你们已经丧失（输掉）了你们的归属权。"所谓的"好"无非就是说："我拥有更多的权利。"而所谓的"坏"无非是说："你的权利比较少。"

如果一个家族曾经否认其中一位成员的所属权——可能是因为他们鄙视过他，因为害怕他的命运，因为他们不想承认他为后来的成员腾出了位置，或者他们不想承认应该对他感恩的某件事情——那么，在这个家族的后代中就会有一个成员在平衡感的压力下以身份认同的方式效仿这个人。这个后代并不能意识到这一点，也无法抗拒这件事情。这个后代常常甚至根本不认识那个被排除在外的人，也不知道他的存在。

这个后代成员会作为那个被排除在外者的代表承接他的命运，想其所想，感其所感，受其所受，以与其相似的方式生活，患上与其相似的病症，甚至以与其相似的方式死亡。这位家族成员服务于那个被排除在外者，代表他的权利。他在没有失去自我的情况下被那个被排除在外者占有了。因为无论一个成员的归属因何被拒绝，在家族中都会产生一种不可抗拒的需求：要恢复失去的完整性，和补偿已发生的不公正。

对此我举一个例子。一个已婚男人结识了另一个女人，对第一任说："我不和你在一起了，不想再知道关于你的任何事情。"如果他与那个新的女人有了孩子，那么就将会有一个孩子代表那个被遗弃的第一任妻子，这个孩子会带着与那个被父亲遗弃的女人同样的恨和父亲争斗。或者，这个孩子会带着像那个被遗弃的女人一样的悲伤离开这个父亲。但是，这个孩子并不知道他这是在把被排除在外者重新带回，在重新赋予被排除在外者权利。

这意味着，在家族中，一种对其中所有成员都同样有效的强大的秩序感监督着归属于这个家族的每一个人，确保他们归属于这个家族，甚至超越死亡。因为家族包括着生者和死者，所以通常可以向上追溯到第三代，有时甚至可以向上追溯到第四代和第五代。没有人会因为他的死亡而与家人分开。集体良知甚至首先要将那些被排除在外的死去的成员带回家族。这意味着：我们虽然会因死亡而失去现在的生命，但却永远不会失去我们在家族的归属。

被排除在外者也不希望他们以这种方式被代表。希望并且实施这种代表的首先是集体良知。我把这样的情况称之为纠缠。纠缠经常可以解释一个家族成员的奇怪行为。

与个人良知相比，集体良知似乎完全是不道德或反道德的。它既不区分善与恶，也不区别罪恶与清白。因此，人们也不应将这种良知想象为一个经过成熟的考虑后会追求个人目标的人。它的作用更像是一种机制，一种只有一个目的的群组机制：保持和恢复完整性。因此，它在选择方法上是盲目的。它几乎是随机地选择了一个完全无辜的家族成员，并将其与被排除在外者的命运联系在一起。

另一方面，家族良知也以同样的方式保护所有人，任何人的归属受到拒绝，家族良知都会帮他们恢复。

以下这个示例显示了家族良知是如何极端地、世代相传地、悲惨地通过家族成员代表的方式唤起对一个被遗忘的家族成员的记忆的。这个事例是我的一位来访者通过来信讲述给我的，我在这里严格地引用他的原述：

这位来访者的曾祖母与一个年轻的农民结婚，并怀了他的孩子。孩子还没有出生，这名男子就于那一年的12月31日因斑疹伤寒去世了，年仅27岁。当时的大量证据都表明，那位曾祖母在这段婚姻中已经与她的第二任丈夫有了关系，而第一任丈夫的死亡也与此有关。甚至有人怀疑他是被谋杀的。

曾祖母于次年1月27日与她的第二任丈夫（这位来访者的曾祖父）结婚。这位曾祖父在他儿子27岁时死于一起致命的事故。27年后的同一天，曾祖父的一个孙子在一次同样的事故中死亡。而另一个孙子在年满27岁时离奇失踪。

在曾祖母的第一任丈夫去世后的整整100年的那个12月31日，年龄也正好是27岁的曾孙子发疯了（即与曾祖母的第一任丈夫去世的年龄和日期都相同），并在次年1月27日曾祖母与第二任丈夫结婚纪念日那天吊死了自己。

那个曾孙的妻子当时也怀着孕，就像那位曾祖母在她的第一任丈夫去世时一样。

上吊自杀的那个男人的儿子，也就是来访者曾祖母的曾曾孙，在来访者给我写这封信之前的一个月满27岁。我的来访者有很不好的感觉，觉得这个儿子可能会发生什么事，但是他说，在他父亲去世的那一天（1月27日），可能才会有危险。他开车去那个儿子那里，去保护他，并和儿子一起去祭扫了他父亲的坟墓。他的母亲之后告诉来访者说，在12月31日，这个儿子就已经疯了，一直在鼓捣他的左轮手枪，并已作好一切自杀的准备。但是还好她和她的第二任丈夫劝阻了他。那正好是曾祖母的第一任丈夫27岁时于12月31日去世的127周年。这里还要指出，这些亲戚对曾祖母的第一任丈夫都一无所知。在这个家族中，一桩坏事直到第四代和第五代还在产生悲剧性的影响。

并且，这个故事还在继续。在给我写信的几个月后，这位来访者非常恐慌地来到我这里，因为他有自杀的危险，他无法再抵抗自己自杀的念头。我告诉他，他应该向曾祖母的第一任丈夫介绍自己。他应该看着那个人，向他深深地鞠躬，甚至跪到地上，并且对他说："我尊重你。在我的心中有你的一个位置。如果我活下来，请你祝福我。"

然后，我让他对曾祖母和曾祖父说："不管你们之间有什么，我都会把它留给你们。我只是一个孩子。"然后，我让他想象，他小心翼翼地将他的头从一个绳索套中退出，慢慢地向后退，并放开吊着的绳索。他那样做了。之后，他感到轻松了，摆脱了自杀的念头。此后，曾祖母的第一任丈夫就成了冥冥中一个保护他的朋友。

借助这个例子，我还展示了一种解决方案。它以疗愈的方式满足了家族良知的要求。被排除在外者受到了尊重，获得了属于他们的位置和辈份。那样的话，就不再需要有人模仿他们了。而后者也将那些愧疚及其后果交还回去。后代们恭顺地从那一切中退出。这首先是一个内在的过程。这创造了一种平衡，这种平衡为所有的人带来了认可与平和。

这个过程在家族系统排列中是如何起作用的呢？一个模仿被排除在外者的家族成员如何才能摆脱纠缠？让我们再次以那个被遗弃的女人为例。例如，在排列中，第二任妻子必须对第一任说："你是第一位，我是第二位。我承认你为我腾出了位置。"如果第一个女人被不公平对待了，她可以补充说："我承认你受到了不公正的待遇，我是在你付出代价的基础上得以和我的丈夫在一起的。"她可以说："如果我把我的丈夫作为丈夫对待，请你对我友好，也请对我的孩子友好。"在家族系统排列中，我们可以看到第一任妻子的脸庞放松了，并且因为她受到尊重，所以她同意了这一切。由此，序位得以被恢复，不再需要后辈的孩子去代表这个女人。

我再举一个工作中的例子：一个年轻人是一名出色的企业家，是一种产品在他所在国家的独家代理商。这个年轻人开着保时捷来到我们这里，谈论着他的成功。很明显，他是很有能力的，并且具有一种不可抗拒的魅力。但是他酗酒，他的会计师还提醒他，他出于私人目的从公司挪用了太多的钱，这样会给公司带来危害。尽管迄今为止他取得了成功，但是他暗中却一直在试图失去一切。

在他的排列中呈现出来，他的母亲赶走了自己的第一任丈夫，说他是个窝囊废。之后，她带着第一次婚姻中的儿子嫁给了这个年轻人的父亲。但是那个孩子后来就不再被允许见他的亲生父亲，直到排列那天，他都一直没有再与他的父亲接触过。他甚至都不知道他的亲生父亲是否还活着。

这位年轻的企业家注意到，他不敢拥有长久的成功。在家族系统排列中呈现出，他代表着他母亲的那位被排除在外的第一任丈夫，并在不知不觉中想要承担他的失败。同时，他意识到自己的生命得益于他哥哥的不幸。在家族系统排列中，他所代表的母亲的第一任丈夫被赋予了他应得的地位。除此之外，这位年轻的企业家还为自己的行动找到了以下的解决方案。

首先他认识到的是，他父母的婚姻和他自己的生命与他的哥哥以及哥哥的父亲不得不忍受的损失有着一种不可分割的命运的关联。

其次，尽管如此，他也能够肯定自己的幸运，并告诉其他人，他希望自己与他们是平等的。

最后，他准备特别地服务于他的哥哥，以证明他平衡得失的意愿。因此他决定找到他哥哥失踪的父亲，并安排他们两人再次见面。

爱的序位所到之处，不公正事件引发的家族性责任就会终止。因为罪恶及其后果归于其所存在的地方，现在，在那沉重的罪恶中需要补偿的地方，在那恶有恶报的循环之中，萌动了善意的补偿。

无论前辈们曾经付出了何种代价，无论这些前辈曾经做过什么，当后辈可以从前辈那里接受他们所给予的，当后辈尊重这些前辈，当所有应该过去的一切无论善恶都得以成为过去，这种爱的序位所带来的平衡就能得以达成。被排除在外者得以回归，他们就会带给我们祝福而不是恐吓。而我们，如果我们在我们的灵魂中交还并且保证他们所应得的位置，我们就会与他们和平相处，并感觉到自我的完整与圆满，因为我们拥有了归属于我们的所有的人。

第十一章

爱的第二种序位：
等级的顺序

在集体良知中起作用的还有另一条基本法则：每个家族或每个群体中都有并且始终遵循着一个古老的等级顺序。这种顺序取决于成员归属于这里的时间。那些先成为家族成员的人优先于那些在他们之后到来的人。也就是说，有些人是先到来的，所以排在比较高的位置；有些人是在他们后面才来的，排在他们的下面。因此，一位祖父比他的孙子优先，父母比他们的子女优先，长子比次子优先，等等。在家族良知中，家族中的先者与后者是不平等的。许多儿童面临的困难，例如：攻击性行为以及其他奇怪行为，甚至是疾病，都是由于他们处在错误的位置而造成的。如果通过家族系统排列为他们找到合适的位置，他们就会改变。

家族中的每个人都有自己适当的位置。任何人都不能也不允许对他的这个位置提出异议，例如凌驾其上或想迫使其从那个位置上移开。在我们（德国）的文化中，这种序位经常受到损害，因为在对个人自由和根据自己意愿自由发展的权利的呼唤下，它被许多人无情地忽视了。

但是，对于那些伤害序位的人来说，后果是毁灭性的。因此，如果一个家族中存在自我毁灭的行为，如果某个人追求看似光荣的目标却总是导致自己的失败和没落，那么这个人通常就是一个在低位的人，通过他的失败获得解脱，而最终把荣耀赋予一个高位的人。僭越的力量终归无力；僭越的权利终归无理；僭越的命运终归凄惨。

集体良知不允许后来者介入前者的事务中，这通常是一种善意。在灵魂当中，有两个相反的移动：个人良知和集体良知。例如，如果一个儿子承接他父亲的某些事情，这时，他具有好的个人良知。他感觉自己爱父亲，并且，自己是清白的。但同时，他这样做违反了集体良知的序位。而这种良知是强大的，并且会以失败和死亡来惩罚那些违反它的行为。因此，伟大的悲剧都以那些认为自己在做好事的人的死亡而告终。因此，后来者决不允许感到自己被召唤，感觉替代了先者的位置，拥有替他们赎罪的权力，或者感到应该使他们摆脱某种糟糕的命运。后来者永远无法帮助先者。如果勉强地不可为而为之，则后来者会在家族良知的影响下因这种僭越而呈现出失败和覆灭的反应。

从广义上说，哪怕是出于无知或者爱，对序位的损害也最终会招致死亡的惩罚。例如，如果一个孩子在内在感觉到父母正在朝向死亡移动，这个孩子会在他的灵魂中说："宁可是我，不要是你。"这意味着，例如：

"宁愿是我生病，也不要你生病。"

"宁愿我死，而不是你死。"

"我宁愿是自己而不是你为罪责付出代价。"

"我宁可承担这份愧疚也不让你承担。"

"我宁愿消失，也不愿你消失。"

"我宁愿自杀也不愿你自杀。"

但是，在序位中，孩子排在父母的后面。如果孩子想承接父母的命运，孩子就会凌驾于父母之上，仿佛他是可以掌控生死的。孩子通过那些内在话语把自己排在了第一位，但是孩子并不会意识到这一点，因为孩子的这种"凌驾"是出于一种爱，因着这种爱，孩子可以为父母牺牲自己的生命。然而，这种爱在爱的序位中是一种僭越，它并不能减轻他人命运的沉重，只会把这个孩子引向死亡。

在家族中，有一种古老的秩序始终在起作用，它使不幸和痛苦不减反增。因为，在盲目的平衡感的压力下，后来者想为先者在后来解决某些过去的事情，只会后患无穷。只要这种秩序停留在无意识中，它就会始终保持其力量。但是，一旦它见诸光，我们就可以以其他方式满足它，而不会带来可怕的后果。这就是家族系统排列中所发生的。我先举几个例子来说明。首先是关于"我跟随你"和"宁可是我，而不是你"这样的句子的事例。

当某人的内在说着这样的句子，我会让这个人在家族系统排列中面对其所代表的那个相关的人，面对面地重复这些句子。当他看着那个人的眼睛时，他是无法再说那些句子的。因为那样的话，他就会认识到，那个人也爱他，所以他们会拒绝这样的提议。下一步就是，对那个人说："你是大的，我是小的。我向你的命运鞠躬，我如其所是地接受我的命运。如果我留下来，请你祝福我。我会带着爱，让你离开。"那样的话，他会与那个人在一种深刻的爱中联结，这种联结比他想要跟随那个人或承接那个人的命运要深刻得多。而那个人也不再会像他所担心的那样威胁他的幸福，反而会用爱来守护它。

或者，如果有人想跟随一位死者死亡，例如，一个有早亡的兄弟姐妹的孩子，那么他可以告诉早亡的兄弟姐妹说："你是我的兄弟（或我的姐妹），我尊敬你作为我的兄弟（或我的姐妹）的身份。在我的心中有你的一个位置。我向你的命运鞠躬，无论这命运是怎样的，而我也如其所是地在我自己的命运当中。"这样，生者就不再朝向死亡，而是死者来到生者那里，用爱来守护他们。

或者，如果一个孩子因为自己活着而兄弟姐妹死去了感到愧疚，他可以对死去的兄弟姐妹说："亲爱的兄弟，亲爱的姐妹，你死了，我还会活一阵子，之后，我也会死去。"这样，朝向死者的僭越就会停止，正是因此，这个幸存的孩子可以活着，而不会再感到愧疚。

只有在封闭的系统中，序位的法则才会逆转。在这里，后来者优先于先者。这适用于以下条件：现有家庭先于原生家庭。新的家庭，例如第二次婚姻组成的家庭，优先于第一次的家庭，但前提是，新组的家庭至少有一个孩子。在这种情况下，序位只根据孩子出生的时间排列。关于这一点举例如下：第一个家庭的第一个和第二个孩子排在第二个家族的孩子之前。在此示例中，第二个家庭出生的长子移到了第三的位置，其他孩子则据此移到后续的位置。

在家族系统排列的进行中，违反序位的现象会暴露出来。被损害的序位在排列中得以恢复，从而为生活的成功创造了精神上的前提条件。但是，这些序位的贯彻必须由来访者自己去执行，因为排列不能替代一个人自己的行动。

第十二章

爱的第三种序位：
给予与接受之间
的平衡

　　我们关于给予和接受的序位是由我们的良知设定的。当我们从某人处获取或接受些什么时，我们感觉有义务做出相应的补偿。只有这样，我们才能再次感到自由，不再存在任何依赖关系，双方都可以走自己的路。但是，如果回馈得太少，那么这种关系会以两种方式继续：接受者对另一方感到愧疚，而另一方也对接受方那里期待着什么。

　　然而，期待被平衡的不仅是好的事情，坏的事情也期待平衡。奇怪的是，双方都在期待这个平衡，而不仅仅是受害方想要寻求报复，施害者也想通过赎罪来摆脱自己内在的愧疚。但是，如果受害者对施害者做了更多糟糕的事情，那会发生什么呢？那样的话，施害者就会感到：这太过分了，从而反过来寻求报仇，又对对方做一些不好的事。这样，事情就会朝糟糕的方向升级。

　　在夫妻关系上则不同。因为，除了对平衡的需要以外，爱在这里也起着重要作用。这意味着：一旦我从我所爱的人那里得到一些什么，我就会回馈他比我所获得的更多的东西。那样的话，对方就会感觉对我负有愧疚，并且做出更多的回馈。这会产生一种积极向上的移动，使这段关系中的爱更加深邃。

如果总是给予别人，超过他所能给出的回报，那也是对序位的损害，关系也会因此失去平衡。其结果是，那个过度接受的人会变得愤怒，并寻找些鸡毛蒜皮的借口离开这个关系。

在夫妻关系中，关于"坏"的平衡也是必要的。那些总是在没有补偿的情况下原谅伴侣所做的坏事的一方，其实是在危害双方的关系，甚至：他们是在自己不自知的情况下，暗暗地想要摆脱对方。另一方无法再感到自己是平等的，而是感到自卑。对此有什么好的解决方案？ 受到伤害的一方要带着爱报复。这意味着，回击对方的一些不好，但是程度要减轻一些。因为他不想失去对方，所以回击的程度要减轻一些。对方会突然地感到惊讶。他们彼此看向对方，并记起他们曾经的爱。这样，越来越多相互伤害的恶性循环就会被打破。这种回击和补偿还有另一个好处：双方都会因此更加谨慎，更小心地彼此相处。这种平衡所带来的结果是：他们的爱加深了。

只在父母与子女的关系中不存在这种给予与接受的平衡。孩子永远无法偿还父母给予他们的东西，他们是后来通过对自己孩子的付出和给予来获得这个平衡的。但是，有可能发生的是，父母中的一方给孩子造成物质过剩。

在家族中，当一个后代不是从前辈那里接受，并因此尊重前辈，而把前辈当作与他平等的，甚至他以更优越的样子想要给予前辈，这个家族中给予和接受的顺序就被颠倒了。例如，当父母从他们的孩子那里接受，而孩子却要把他不想从父母或者伴侣那里接受的给他的父母时，就会发生这种情况。因为那样，父母就像孩子一样接受，而孩子想要像父母一样给予。那样的话，给予与接受，就不是从上到下的，而是逆反着重力从下到上在流动。但是，这样的给予就像一条小溪，如果不顺着山坡向下流淌，而是倒转过来向山上流去，就不能到达它想要去的地方。一个例外情况是孩子在父母晚年对他们的照顾。在这里，孩子们向父母奉献，而父母们则有权利从他们的孩子那里要求并获取。因为父母和孩子构成一个命运共同体，在这个命运共同体中，每个人都必须根据他的财富和能力为共同的利益做出贡献。在这里，每个人都付出，每个人也都接受。

如果一个孩子违反了给予和接受的序位，那么他就会受到严厉的惩罚，常常在不明所以的情况下遭遇失败甚至毁灭。如果一个孩子给予或接受他无权得到的东西，那就违反了爱的序位——这个孩子意识不到这是一种僭越，也许还会认为他做的是一件好事。但是，爱是无法超越序位的。因为，在所有的爱之前，灵魂中就已经有一种平衡感在起着作用，那就是"爱的序位"，即使付出幸福和生命的代价，也要使正义和平衡得以实现。因此，爱与序位的斗争也是每场悲剧的开始与结束。逃脱的方法只有一种：洞察这些序位，并且带着爱跟随他们。洞悉序位是智慧，而带着爱跟随就是谦卑。

第十三章

男人和女人之间爱的序位

当一位男士和一位女士感觉彼此相互吸引时，两人都会感到前所未有的幸福和渴望流经自己。他们互相说："我爱你"，相互联结，成为一对伴侣。这种关系在开始时都伴有巨大的期望，伴侣双方都被抬上了天，这被称为"坠入爱河"。相爱的他们不是在地上，而是在天上。

但是这种爱强大到足以建立持久的联结吗？这两个坠入爱河处于高度兴奋中的人，对于彼此出身中的黑暗面，对于他们各自的特殊命运和特殊的注定真正了解多少？因此，不用多久，他们两个就会陷入失望，从天上坠落地面——那个人与自己的想象是不同的。之后，可能还会有下一个伴侣，重新坠入爱河。总会有成功的时候！这些都是梦想，是爱情的幻象。

有些人相信理想伴侣的存在。但是，如果真的拥有了一个理想伴侣，又会发生些什么呢？那样的话，自己就什么都不需要再做了，因为对方会包揽一切。在理想伴侣面前，人们将再次成为孩子。幸运的是，理想伴侣永远不会出现，我们必须满足于一个普通的伴侣。

真正的爱是停留在地面上的。越是在地面上，真爱的力量就越深刻。那样，我们就可以如其所是地看向伴侣，而不希望他是任何另外的样子。我们认同他的财富和他的极限。那才是幸福的开始。我们的告白不再是"我爱你"，而是"我爱你，也爱那冥冥之中对你我的指引"。这会指引这对伴侣进入不同的广度和深度，他们不再仅仅看向他们自己和他们的欲望，而是看向那超越他们的东西。即使他们还不能明白这句话会对他们有怎样特殊的要求，会给他们带来什么，他们个人的以及共同的命运今后将会怎样。

但是，有些夫妇将他们的伴侣关系视为一个协议，认为可以任意设定目标，根据自己的心情或幸福感来设定时间长短和规则，并且随意改变和废止。这样的做法使伴侣关系变得轻率和任性。在伴侣关系中有必须遵循的法则，等他们意识到这一点时，可能就已经太晚了。例如，当伴侣的一方无情而轻率地解除这段关系时，他们的一个孩子有时会死去或者自杀，就好像他不得不为这严重的不公赎罪一样。因为伴侣关系的目标是为我们预先设定好的，要实现这些目标，要求我们付出坚韧和牺牲。对此，我曾经写下过一篇反思：

秩序与爱

爱如若水，秩序似樽，

樽容几何，水蓄几何，

樽事收集，水乃流动。

樽水与共，缺一不可。

正如一个个音符归于和谐的旋律，爱也顺服于秩序。

正如耳朵听不惯不和谐的音符，没有秩序的爱也会使我们的灵魂沉重。

有些人对待秩序，就好像能够可有可无或肆意更改。

然而，秩序于我们，犹如是天定。

它在我们的无知懵懂中起着作用。

我们想象不出这秩序，我们只有可能去找到它。

如同意义和灵魂，我们只能从效果中发现它。

在伴侣关系中，这些法则也起着作用，如果想要成就这段关系，就必须遵循这些法则。例如，放弃就是男人和女人之间的爱的序位中的一条。这一切从童年就已经开始了。因为要成为男人，儿子就必须放弃他生命中的第一位女人，也就是他的母亲；而要成为一位女人，女儿就必须放弃她生命中的第一位男人，也就是她的父亲。也就是因此，儿子必须尽早脱离母亲的能量场，进入父亲的能量场；而女儿，则必须从父亲的能量场进入母亲的能量场。留在母亲能量场中的儿子常常只能成为一个"男孩"和"妈宝男"，而不能成为一个男人。而留在父亲能量场里的女儿，常常只能成为一个"小公主"或"小情人"，而无法成为女人。

如果儿子留在母亲的能量场中，那么"女性"就会淹没他的灵魂。这会阻止他接受父亲，从而限制他的"男性"。同理，当女儿停留在父亲的能量场中时，"男性"就会淹没这个女儿的灵魂。这会阻止她接受母亲，从而限制了她的"女性"。卡尔·古斯塔夫·荣格将灵魂中的女性部分称为"阿尼玛"（Anima），将灵魂中的男性部分称为"阿尼姆斯"（Animus）。

儿子如果留在母亲的能量场中，那么他的灵魂就发展出过多的"阿尼玛"（灵魂中的女性部分）。奇怪的是，这会使他对于女性缺乏理解和同理心，一般来讲，他与其他人的共鸣也较少。如果他想让自己摆脱自己灵魂的女性部分，就要以牺牲他的妻子为代价。女儿如果留在父亲的能量场中，情况也是类似。她的灵魂中发展出太多的男性部分，其结果是，她对男性的理解和同理心减少。人们对她的同情心也较少。

而且，一个留在母亲能量场中的男人，不会准备好承担更大的责任。他会毫不犹豫地投入大胆的冒险，不遗余力，不惧危险。事实上，大多数的英雄，无论是毫不畏惧地挑战平流层跳伞，还是轻率地进入珠穆朗玛峰的死亡地带——所有那些硬汉，无论是全副武装的红灯巨人还是酷酷的摩托车帮成员，其实都是"妈宝男"。因为，一个真正的男人不会轻易地将自己置于危险之中，他知道自己对家庭的责任。

那么，如果一个"母亲的小王子"与一个"父亲的小公主"结婚会怎样？那样的话，那位男士常常是在寻找母亲的替代品，并会在他的爱人身上找到；而那位女士则常常在寻找父亲的替代品，也会在她的爱人身上找到。当一个"母亲的小王子"与一个"父亲的小公主"结婚时，他们往往可以结成一对可靠的夫妻。在数以百计的家族系统排列案例中，这一点都有呈现。

顺带提一下，"父亲的儿子"通常与岳父相处融洽，"母亲的女儿"与婆婆关系良好。相反，"母亲的小王子"常常与岳母相处得很好，而与岳父相处得很差，"父亲的小公主"与公公相处得很好，而与婆婆的关系却很差。

伴侣关系中的爱的序位要求女人跟随男人。这意味着，女人跟随男人进入他的家族，去他所在的地方，使用他的语言，进入他的文化；并且，女人也要同意让孩子们跟随这个男人。我无法解释这条序位的原因，但是，事实证明了它的效果，证明了这个方法的正确。我们只需把这样做的家庭与那些丈夫跟随妻子、子女跟随母亲的家庭进行比较，那些丈夫跟随妻子的婚姻常常因男人离开家庭而失败。但是，如果男人的家族命运非常沉重，或者有严重的疾病，那么，对这个男人和他的孩子来说，进入女人的能量场和她的家族就是适合的，也是更安全的。

作为女人跟随男人的补偿，男性必须服务于女性。这也是男女之爱中序位的一部分。

服务发自内心，是生命中最深刻的践行。这就是说，我们的服务，要抵达对方的心，通过我们的服务，使他的心更快地跳动，与我们的心保持同样欢快的节奏。

这里所说的"服务意味着使别人高兴"是什么意思？首先，服务意味着与那个人在一起，为那个人而在，只是与他在一起而没有做任何特别的事情。另一个人仅仅知道我在那里，就会感到高兴。

其次，服务是指：我把我的一些东西送给对方，这些东西可能是他的生命和日常生活所需要的。这常常只是一句好话，一些情感的表达。或者我出于对他的照顾为他承担一些事情，并给其不同形式的照顾。

再次，服务意味着一起做一些使两个人幸福的事情。例如，一起庆祝一些节日。这也意味着一起服务于某事。主要是服务于孩子们，但也可能是服务于邻居、朋友和其他陷入困境的人。

我们在这样做的时候应该考虑到我们服务于谁。在我们的服务中排在首位的是谁？是我们的伴侣个人，还是"我们"？我们的心首先为对方跳动，还是为"我们"而跳动？也许我们只是想通过某个服务来赢得对方，而并没有真正考虑对方和对方的真正需求？

对生命的服务，首先服务于对方以及对方目前生命中的所需。基于这个原因，我们的服务是含蓄的。当对方需要我们时，我们就在那里；当他的道路朝向另一个方向前进时，我们就使之自由。

如果想建立一段成功的伴侣关系，需要知道，男人和女人之间爱的序位与父母与孩子之间爱的序位是不相同的。例如，如果伴侣中的一方在对方身上寻求那种无条件的爱，就像一个孩子朝向其父母那样，期待那种只有父母才能给孩子的安全感。这会导致这对伴侣关系的危机，最终，被伴侣总是过多期待的那一方会离开，被过多期待者有权利那样做。而且，如果伴侣一方被对方告知："没了你我就没法活。"或者："如果你离开，我就杀了我自己。"此人也会离开。这种威胁在平等的成年人之间是不恰当的，也是令人无法忍受的。但如果一个孩子对父母这样说，是可以被接受的。因为孩子的确离不开其父母。

如果伴侣一方像父母对孩子那样为另一方付出，那么这对伴侣之间常常存在着来自童年的、不恰当的序位的投射。举个关于这种情况的例子。例如，在婚姻中，伴侣一方资助另一方完成学业，就属于这种情况。从对方那里获得如此之多的一方，无法再建立给予和接受之间的平衡，会因此失去平等，这使受资助者无法忍受。因此，这一方通常会在完成学业后离开其伴侣。想要重新恢复平等，此人不仅需要偿还所需的所有费用，还必须偿还与之相关的全部付出。

在伴侣关系中，男人和女人从原始的序位上来说是平等的。他们同时建立起与对方的联结，不分先后。但是，在家族系统排列的呈现中，男人常常是排在序列的第一位的。这不是因为男人更好，而是因为男人的职能，男人去工作而女人待在家里时就是这种情况。因为那样的话，男人是负责家庭的生活开支的。如果女人去工作而男人留在家里，那么，女人当然排在第一位。迄今为止，在这方面已经发生了很多变化。现今，男人和女人在负责家庭生活开支这方面经常处于同等的地位。

家里通常由女人做主——这也并不是因为她更好，女人更多地具有一种能将家族凝聚在一起的力量。女人们能更好地掌握要领，并且知道目前重要的是什么。这一点是人们必须承认的。

在进行家族系统排列时，当伴侣二人找到让他们感到舒适的位置时，这对伴侣的关系就被呈现了出来。如果男人站在女人的右边，那么女人就依靠男人，并且感到受到他的保护。如果男人站在女人的左边，他所感到的责任感就较少。他享受着一种"傻傻的自由"，而那位女士经常代替他去承担责任。那样的话，这个男人就会变小。在这样的情况下常常呈现的是，站在女人右边的男人会留下来，而站在女人左边的男人会离开。系统排列就是这样揭示真相的。

伴侣关系中最糟糕的后果来自他们各自家族的纠缠。例如，伴侣中的一方为了解决过去的冲突而不得不成为别人的代表。这常常是彼此非常相爱的伴侣之间，一方想要离开亲密关系和家人的原因。只有当这样的纠缠通过家族系统排列被揭示后，这个伴侣关系才会有前途。

这类纠缠中最常见的一种就是，一个人在内在对他的某个家人说："我跟随着你，直至死亡。"当伴侣中一方的父母之一早逝时，常常会发生这种情况。在这样的情况下，伴侣的这一方作为早逝者的孩子，要追随早逝者，并努力要摆脱伴侣的联结。这可能会引发连锁反应，常常会有一个他们的孩子为父母中"追随者"这一方去承担，也陷入纠缠，并且说："我替你。"即使这个孩子以后结了婚，他仍然会感受到这种渴望，像其父母中"追随者"那一方一样，想离开亲密关系。然后也许他自己的孩子也会说："我替你。"这种纠缠可能就会像这样持续好几代人。

几年前，在华盛顿的一次伴侣关系课程中，在一位女士身上，我经历了一次非同寻常的纠缠。这位女士没有与她丈夫同行，是单独来参加课程的。我在她的对面排列了一个人代表她的丈夫。那位代表开始发抖，是真正地颤抖。我就问那位女士："你有没有想过要杀死他？"她说有。我就在那个点上终止了排列。我向那位女士解释说，想要杀死伴侣的愿望总是与原生家族中的某个事件相关。

那位女士后来来找我，说她发现了有关她的家族的一些重要信息。她的父亲曾经参与了原子弹的制造。她还提到，自己也很是疑惑，为何她会嫁给一个日本人。在之后的家族系统排列中，那一切被揭示了出来：那位女士把自己认同为原子弹。在她的婚姻中，日本和美国之间的冲突以代表的形式被延续着。那位女士和她的丈夫都没有意识到这一点，他们两人都无法抗拒地陷入了他们的纠缠。只有在那一切被揭示出来之后，他们的爱情才得以绽放。

我想指出另一个重要的观察：在许多伴侣关系中，两人总是为同样的事情争吵。这是由于所谓的"双重转移"。在这样的情形中，一个人承接了某位家族成员的感受，例如，对某人的愤怒。但是，这不仅是主体上的转移，其对象也发生了转移——那股被承接的愤怒所指向的是某个与该事件无关并且没有任何罪责的人。

在此举一个发生在课程中的例子：一位男士和一位女士彼此非常了解，联结很深，但是他们之间总是存在着他们自己都无法解释的矛盾。课程期间也是如此。我观察到，当那位女士面对着她的丈夫时，她的脸是如何变化的。她突然看起来像是个老女人，然后，她就开始因为一些与她丈夫无关的事指责她的丈夫。我问她："那个老女人是谁？"然后她想起了她的祖母，一位餐厅老板娘，经常被自己的丈夫，也就是那位女士的祖父，当着所有客人的面，揪着头发在餐厅的地板上拖来拖去。那位女士面对她的丈夫时，感受到的是她的祖母当时被压抑的愤怒。

许多无法解释的婚姻危机就基于这种转移。这是一个无意识的过程，人们在没有察觉时是束手无策的，会感到恐惧。一旦人们认识到这种纠缠的存在，当人们再无缘无故地想要对别人做些什么的时候，就可以较好地控制自己了。

即使不做排列，人们也可以自行识别并解决这种"双重转移"。为此，人们必须要研究感受的起源，那样的事通常发生在几代人以前。因为，如果有人总是为了权利和秩序争吵，他就是在为一位家族成员伸张权利。正是因此，他才会拥有这种特殊的激情；正是因此，他总是一次又一次地挑起同样的争吵。

我再透露一个秘密：关于幸福的伴侣关系我知道的三句"咒语"，它们是："是""请"和"谢谢"。您可以闭上眼睛，想象以下情况：

我们看向与我们拥有亲密关系的伴侣，他看着我们的眼睛。然后每个人都对对方说："是的，我如你所是地肯定你。对我来说，你原本的样子就是对的。是的，我如你所是地爱你。我如其所是地爱你的母亲。我如其所是地爱你的父亲。我如其所是地爱你的家人，就像我爱我的家人。""是的",这就是第一句"咒语"。

然后是第二句"咒语"。伴侣双方互相看向对方,并且说:"请求你。请求你支持我的发展,并请支持我走我自己的道路。"通过这句"请",我们的灵魂发生了怎样的变化?它打开我们的心灵,让爱流动。

然后是第三句"咒语"。伴侣双方互相看着对方,并对对方说:"谢谢。谢谢。谢谢。"每天都有很多机会可以说谢谢,例如,当伴侣一方准备了两人的饭菜时,当他耐心地倾听并提出建议时,或者当他用一个小动作表达爱意时。

第十四章

亲子关系

　　我在九十多年的时光中观察到的最大的快乐，就是当父母们看着他们年幼孩子时的快乐。没有什么比这更美好，更简单的了。这就是生命的快乐。这再次表明，幸福是简单而深刻的。而与这相反的是，有些人总是期待着某件大事使其获得快乐幸福。其实，日常生活能带来最大的快乐幸福。

　　有句谚语说："好事成三。"为什么这么说呢？"一加一等于三"，这里的"三"指什么？对于一对夫妇来说，"三"就是孩子。好事里的那个"三"是孩子。三是个圆满之数。

　　还有一个"圆满之数"：七。七是"2+2+2+1"。三对夫妇加一个孩子：父母，祖父母，外祖父母和孩子。我们也可以说："3+2+2"。对于孩子来说，不仅三是个"圆满之数"，七更是个"圆满之数"。

　　在一周中，七也是个"圆满之数"，只有七才能填满一周。它是"3+3+1"。第一个三是父亲和他的父母，第二个三是母亲和她的父母，而填满七的那个一，是一个孩子。

　　只有在家庭中三才是一个圆满的数字，在其他的关系中，三是一个会导致分离的数字。人们一旦开始在其他关系中按照家庭中三的基本模式组建一种三方的关系，这个关系小组中的三个人就会分裂。

在这个群体中，只有两者可以建立像伴侣关系中的男女那样的平等关系，如果第三人出现，先前的二者就会分开，例如，一段三角关系。在家庭之外，三人的小组中只有两个人能相互平等，他们会将第三个人从平等中排除在外。因此，两个人可以很好地协同工作，如果增加了第三个人，就会降低效率。

四个人一组也可以很好地协同工作，因为他们会立即表现为2+2。如果增加第五个人，他就只能留在外围，就像俗语说的车子上的第五个轮子一样。

兄弟姐妹之间的数字具有相似的效果。两个兄弟姐妹在一起可以很好。如果加上第三个兄弟姐妹，则三人中的一个很快就会感觉自己像局外人。如果第四个孩子到来，就又成了2+2，他们又可以很好地在一起。而第五个孩子的归属感会较低。尽管，每个增加的孩子都会令所有的兄弟姐妹有所进步。

而且，由于父亲和母亲会分别与他们的一个孩子有更紧密的关系，因此第三个孩子——或三个孩子中的一个——也会感觉自己像是局外人。那样的话，第一个两人组是父亲和孩子中的一个——尤其当这个孩子是女儿时，他们是最亲密的。第二个两人组是母亲和孩子中的另一个——尤其当这个孩子是儿子时，他们最亲密。第三个孩子就像上文中的第五个孩子一样，仍然不在这两组两人关系中。

这种三人中两人成组的分裂在第一个孩子出生后就已经可以被观察到了。因为有时，母亲与这个孩子的关系会比与丈夫的关系更加亲密。那样的话，母亲和孩子就形成了两个组，而父亲成为了第三个人，从而成为了局外人。人们可以改变这样的情况吗？或者说，人们应该去改变吗？如果我们知道这些序位就足够了。如果一个男人在他们的第一个孩子出生后因为这种方式而成为"局外人"，那么他就应该更多地参与外面的，对于他的家庭有利的活动。他要通过为家庭所做出的特殊贡献去获取自己在家庭中的位置。如果男人期望自己能像孩子的母亲一样去照顾孩子，这可能会加重家庭关系的负担，而不会给大家带来益处。因为他永远不能做得像一位母亲那样，这会使他更加感觉自己像一个"局外人"，男人更应该去通过他在外面的成就照顾他的家庭。

第三个孩子因为是家中的第五个人，所以这个孩子最容易与家人分开。这个孩子与他的其他兄弟姐妹相比，通常所承担的家族命运的负担也比较少。但是，这并非一定是家里排行第三的那个孩子，而是通过父母与孩子之间两两组合的动态关系而成为"第三个孩子"的那个孩子，因为这个孩子与他的父亲和母亲都没有其他兄弟姐妹与父母所结成的那种亲密关系。

我为什么要说这些呢？我们期待"三"所带来的爱的圆满，但有时也要提防"三"这个数字！

不同类型的关系遵循不同的序位。因此，孩子朝向他们父母的关系中也有一些特殊的序位。在这里最首要的是：父母给予，孩子接受。父母将他们先前从他们父母那里获得的东西，以及他们作为一对夫妻彼此从对方那里获得的东西传递给孩子。这确保了给予与接受之间必要的交换。这也意味着，孩子在以后要将他们从父母那里得到的一切都传递给他们自己的孩子。每个接受的人都必须尊重给予他的那一方，这也表明了孩子应该以怎样的态度朝向他们的父母。

父母除了作为父母并给予之外，还拥有一些他们所赚取的收获或所遭受的损失。这属于他们个人。对于这一切，孩子们只是间接地参与，做父母的不能也不允许将这些传给孩子们，因为每个人都是自己幸福的铸造者。如果一个孩子没有在命运中经过努力和磨难就把父母的个人利益和个人愿望归为己有；如果一个孩子从他的父母那里把某种愧疚、责任或者疾病归为己有，作为晚辈，这个孩子就把他自己摆在了父母之上，也因此损坏了序位。在潜意识的良知层面，这被认为是僭越，会给这个孩子带来失败和厄运。

在这方面还必须考虑其他因素：先辈（即父母）的个人命运属于他们的尊严，如果后辈能够让先辈们自己去承担，那么，这些命运就会具有某种特殊的力量。在我的课程中有一位女士，她的父亲是盲人，母亲失聪，而这两个残疾人在一起互补得很好。但是那位女儿却认为，她必须照顾她的父母。我为这个家族做了排列，排列中呈现的是，孩子表现好像很大，而她的父母却很小。但是那位母亲却对孩子说："我可以独自一个人照顾你的父亲。"父亲也说："我可以独自一个人照顾你的母亲。我们不需要你照顾我们。"这位女士非常失望，她跌回了孩子原本的大小。

那天晚上，那位女士无法入睡，并在讲座的第二天询问我是否可以帮助她。我对她说："不能入眠的人，是觉着自己需要照看些什么。"所以我给她讲了一个沃尔夫冈·博尔歇特（Wolfgang Borchert）写的小故事，这个故事的名字是《老鼠晚上也都睡觉》。讲的是一个男孩在战后的柏林看护着他死去的兄弟，不让老鼠吃掉他。这个孩子已经精疲力尽了，因为他认为，自己必须一直醒着。一个友善的男人走了过来，对孩子说："老鼠晚上也都睡觉。"第二天夜里，那个女人可以比较好地睡觉了。

在家庭中，根据序位，父母优先于子女。因此，在家庭中非常重要的是，父母是大的，并且始终保持是大的。相反，孩子没有与父母同等的权利，也不能提出同等的要求。他们始终是小的，因为只有这样，他们才能够成长。那些僭越的孩子们，会一生之久都停留在小孩的状态，膨胀，但是很小。

因为孩子们从他们父母那里获得生命，所以他们无法添加任何东西，也不能去除或拒绝任何东西。因为，孩子不仅拥有他们的父母，孩子就是他们的父母。爱的序位还包括，孩子要完全如其所是地接受父母给予他的生命，并且认可父母本来的样子，没有其他任何愿望，也没有拒绝或恐惧。

我们可以通过想象体会到这种接受对自己的影响：我们跪在父亲和母亲面前，深深地鞠躬，匍匐在地上，向前伸直手臂，手掌向上，对他们说："我尊重你们。"然后我们站起来，看向父母的眼睛，感谢他们所给予我们的生命。例如，我们可以对他们说：

亲爱的妈妈，

我从你那里接受一切

完全并且全部，

并接受你为此付出的所有代价，

以及我为此付出的全部代价。

为了让您快乐，

我会在生命中做出一些事情。

这生命不应该是徒劳的。

我会充满尊重地牢牢抓住它，

如果可以的话，

我会像您一样，

把这生命继续传下去。

我接受您作为我的母亲，

您可以把我当作您的孩子。

对我来说，您是对的那一个，

而我对于您，也是对的那个孩子。

您是大的，我是小的。

您给予，我接受——亲爱的妈妈。

我很高兴您选择了父亲。

你们两个对我来说是对的。

只有你们！

　　然后再朝向父亲说同样的话。当这一切能顺利达成，那么，这个人就能与自己和谐相处，并且完全、正确地认识自己。

　　有些人认为，如果他们以这种方式接受他们的父母，就会有一些他们害怕的坏事发生在自己身上。例如，父母的某种怪癖、残障或债务。但是那样的话，他们也把自己与父母的好的部分隔离开来，并没有把整个生命当作一个整体来接受。许多拒绝把父母作为整体接受的人，都试图弥补这一缺失。于是，他们可能会努力地追求自我实现和开悟。而其实，这只是对尚未被他们接受的父亲和母亲那些部分的追寻。那些拒绝父母的人，就是在拒绝自己，就会感到自己没有成就感、盲目和空虚。

　　对于一个孩子来说，他父母的样子与生命无关。从这个角度出发，我们可以而且也必须以另外的方式，怀着敬畏看向我们的父母。因为当孩子看向父母时，他在通过父母看向生命的起源。孩子不是仅仅从父母那里接受生命，而是从遥远的先辈那里接受生命。 这是一种谦卑。这意味着，如其所是地同意我父母给予我的生活和命运；接受这命运为我所设定的限制；接受它提供给我的可能性；接受这个家族命运中的纠缠和罪恶感；接受这个家族的沉重和轻松。一切都如其所是。从这个角度来看，父母没有更好的或更糟的，父母就是父母。

　　如果我们认识到这一点，并且遵从这一点，我们就可以从我们父母那里完全地接受生命。那些在内在拒绝父母中某一方的人，那些责备父母的人，就是在生命的圆满面前关闭了自己的心扉。他们只能获得生命中的一部分，或者更准确地说，他们只接受其中的一部分。其实，每个人都是由父母以一种非常具体的方式来定义的。

我眼前有一棵树的图像。秋天，风儿吹来，种子被吹得四散开来。一粒种子落在肥沃的土壤上，而另一粒种子却落在石缝中间，每粒种子都必须在它落下的地方生长。它无法变换这个地方，就如同我们不能选择自己的父母。父母就是我们生命发芽的地方，只有在那里。无论树木的种子落在肥沃的土壤上，还是落在石缝中间，无论它如何生长，都将长成一棵真正的树。它也会结出果实。它的种子也会再散落，同样的树又会在不同的地方生长。

为了使我们能够真正地成长，我们必须同意我们所处的那个位置，无论这个位置在哪里。无论这个位置具有"优势"还是"劣势"，每个地方都带来一种特殊的发展，提供特殊的机遇，并设立特定的限制。但是，生命所在，无分彼此，都是一样地纯净与真实。

父母不只给了我们生命，他们还养活了我们，教育了我们，保护了我们，照顾了我们，给我们一个家。我们如其所是地从父母那里接受一切是正确的。在接受时，我们对父母说："我带着爱，接受一切。"这种接受的方式是一种平衡的方式，因为父母感觉受到了尊重，这使他们更喜欢付出。但是，当孩子对父母说："你必须给我更多"时，父母的心就会关闭。如果孩子要求，他们就不能再那么心甘情愿地为孩子付出更多。如果这个孩子坚持对父母的要求，他就会一直与父母拴在一起，无法分开。

随着年龄的增长，父母必须为孩子设定界限。这会磨炼孩子，使其成熟。是父母对孩子的爱减弱了吗？如果父母不这样做，他们就是更好的父母吗？或者，如果父母对孩子有所要求，使孩子为他们自己成年的生活做好准备，恰恰证明了他们是好父母？

在这个阶段，许多孩子对他们的父母非常生气，因为他们更喜欢保持原来的依赖性。但正是由于父母放手和让孩子那些期望落空，帮助他们的孩子摆脱了依赖，并逐步地实现了独立。只有这样，孩子才能在成人世界中获得自己的位置，从接受者成长为给予者。

当孩子长大后，他应该对父母说："我得到了很多，这足够了。我将把这一切带入我的生活。"这样，这个孩子就会变得满足和富有。并且补充说："剩下的我自己来完成。"这也是一个很好的句子。这句话使孩子独立。然后，孩子还要对父母说："现在，我让你们安静。"那样的话，孩子就从父母那里解脱了，在这种解脱中，他们双方又都始终拥有着对方。

在离婚的情况下应该如何构建亲子关系呢？在这样的情况下，在最能够通过孩子尊重曾经的伴侣的那一方那里，孩子会得到更好的照顾。当然最好的情况是，父母双方在离异的情况下，也都还能尊重和爱对方。这样对孩子是很好的。

通常，男孩与父亲在一起会更好，因为跟父亲一起男孩可以更好地发展他们的男性能量。他们应该在七岁左右去父亲那里。如果母亲抓住男孩子们，她会阻碍他们内在男性的成长。对女孩来说，和母亲在一起会更好。这就是序位的图景。当然，在某些情况下这样做是不可能的，也是不正确的。也有一些情况，所有孩子——无论是男孩还是女孩——都应该与母亲在一起；或者相反，都应该与父亲在一起。这视情况而定。

基本上，每个孩子都需要父母双方，一个孩子必须能够被允许爱父母双方。孩子不能明白为什么父母会分开，因为孩子同等地爱着父母双方。但是，在离婚后，孩子是完全依赖与其生活在一起的那一方父母的。他害怕向与他一起生活的父母一方表明，他也同等地爱着父母的另一方。因为孩子害怕照顾他长大的父母一方会生气，这样，他就连这一方父母也失去了。但是，在暗中，孩子依然还爱着另外的那一方——父亲或者母亲。例如，如果孩子从与其一起生活的母亲那里得知，母亲曾经非常爱父亲，那么这个孩子就可以向母亲表明自己也爱父亲。然后，孩子就会觉得轻松了。

对此我举一个讲座当中的例子。一位母亲带着她的十六岁的女儿来到这里。我让那个女孩坐在我旁边。女孩短暂地看了看我，微笑着看着地板。接下来是讲座中的记录：

海灵格对团体：如果你看着她，她的灵魂和她的感觉，像是多大的？三岁。三岁时发生了一些事。

对女孩：发生了什么事？

她摇摇头，看着坐在团体中的母亲。海灵格叫那位母亲也坐到他旁边来。

海灵格对团体：她三岁时发生了什么？

母亲：她三岁时，我们搬到了我现任的丈夫那里。

这个女孩开始哭并且泣不成声。

海灵格：她的父亲怎么了？

母亲：她的爸爸离开了我们。他和另一位女士一起走了。

海灵格：她想念她的父亲，我们可以立即看到。

海灵格看向女孩。她剧烈地摇头。

海灵格对团体：她在摇头。你知道为什么吗？她害怕在她的母亲面前承认这一点。

海灵格看向那位母亲："告诉她'我曾经非常爱你的父亲。'"

母亲：我曾经非常爱你的父亲。

海灵格：带着爱说。

她刚想立即回答，海灵格又说：慢慢地。记起来你曾经有多爱他。然后发自灵魂地告诉她。

她深深地叹了口气。

海灵格：看着她。

母亲：我曾经非常爱你的父亲。

母亲很感动。那个女孩在哭。

海灵格让母亲坐在女儿旁边并且用胳膊抱住她。母亲拥抱了女儿，并且亲吻和抚摸她。然后她们母女手牵手并排坐着。

海灵格对团体：在这里，这位母亲很清楚这是怎么回事。现在，这个孩子可以很轻松地说出自己爱父亲了。孩子也知道了，她是可以去父亲那里的。在那里，孩子会感觉很好。她现在很高兴。

母亲和女儿相互笑笑。母亲用她的胳膊环抱住女儿，并且亲吻她。

海灵格对团体：应该这样做。

第十五章 | 堕胎

在排列工作开始之初时，我认为堕胎的孩子不属于整个系统，而是属于父母之间的亲密关系，是属于父母作为伴侣之间的秘密。这就是为什么，当时的我认为，人们不应该告诉自己的孩子关于堕胎的事情。随着家族系统排列向新家族系统排列的进一步发展，我的第二任妻子索菲带来了重大的发现，她认识到，被堕胎的孩子也是家族系统的一部分。

在这里，我要就堕胎发表一些会引起很多人愤慨的言论：在家族系统中，堕胎在潜意识的良知层面上被视为谋杀。这个表述与我个人的道德或教会禁令以及保守说教无关，我从未让自己被任何形式的政治倾向或社会和宗教标准所束缚。我完全自由，只看呈现的一切和真实。我的工作是纯粹现象学和从经验出发的。成千上万的家族系统排列个案都表明了，堕胎会被视为谋杀。家族系统不关心见诸光的这一切是否会使有的人感到不适。

由于流产的孩子也是家族系统的正式成员，因此，活着的孩子必须了解他们的存在。因为排列显示出，这些流产的孩子全部算作活着的孩子的兄弟姐妹。如果对关于他们的信息保持沉默，则会对活着的孩子的序位造成破坏，这会带来严重的后果。

例如，如果一个女人有过两次堕胎，之后生了第一个孩子，那么这个孩子（如果他不知道关于堕胎孩子的事）将在无意识良知的层面上排在"第一个"而不是"第三个"的位置。结果，这个孩子一生都会承受很大的压力。他常常会感到对所有的事情都负有责任，并认为自己必须做很多事情。但是，尽管他付出了巨大的努力，仍然无法获得应有的成功。

这个孩子的这种状态通常也会影响他后来的伴侣关系，因为这个孩子会在后来的伴侣关系中去承担满足过高的要求。因此，施与受之间的平衡通常会受到破坏。他可能会去满足伴侣的所有愿望，而不期望得到任何回报，在最坏的情况下，他甚至会拒绝回报。带着这种态度，他会无意识地选择——例如，由于自恋型人格障碍而不停索取的伴侣，对他完全没有回报。这样的联结是注定会失败的。因为，那个一直接受而不付出的人会随着时间而变得愤怒，并且离开。

如果这个孩子在成年后才得知关于流产的兄弟姐妹的事情，他也可以在兄弟姐妹序列中回归适当的位置。那样的话，序位就得以恢复，明显可见的是，他的压力解除了，伴侣关系也会得到改善。

其实，堕胎甚至对活着的孩子具有更重大的影响。有时候，一个孩子会在潜意识的良知层面上认同被堕胎的同胞，感觉到自己被拖向死亡。或者，一个孩子会承接被流产的兄弟姐妹的感受，感觉自己被排斥，变得暴力好斗。

几年前在西班牙举行的一次大会上，一个来自南美的七岁男孩的母亲做了关于自己的家人的排列。那个男孩子非常暴力好斗，以至于他的妈妈已经没法再管教他。排列显示出，那里有某人缺失了，而那个男孩感觉被缺失的人所吸引。原来，那名妇女堕胎了很多次。结果，流产的孩子们通过排列被带入了家族系统——那个男孩的代表立即变得平和了。其实，那个男孩一直在等待他的母亲也将爱给到他那些被流产的兄弟姐妹。

在那次排列之后，一位参加大会的代表进行了发言。这位代表是一位法官。他与大家分享道，许多女士的孩子们都非常暴力，以至于这些妈妈都害怕自己的孩子。她们甚至打电话给警察，因为她们不知道如何与这些孩子相处。这位法官说，在西班牙放宽堕胎禁令之前的几年中，几乎没有此类案件发生。之后，尽管堕胎禁令依然存在，但是它的执行被放宽了。最初，每年发生三四例非常好斗的儿童的案件。十二个月之后发生了二十例，一年后有两百例。这些充满暴力的孩子针对的永远是母亲，从来不针对父亲。

人们告诉自己的孩子关于堕胎的最佳方法是什么？例如，在生日排列上，我们可以在桌子上多设置一个额外的位置，然后说："还有其他的人也应该坐在这张桌子上。那是你的兄弟／姐妹。但是他／她已经死了。"如果孩子看向流产的兄弟姐妹，并且说："你在我心中占有一席之地。"那样的话，那些已经不在了的兄弟姐妹就会向在世的孩子发出祝福。

堕胎的困难在于，它很大程度上与人们可以使有些事情变得好像不曾发生过的幻象有关。孩子被当作某件可以随意使用的东西来对待，而没有被当作一个人。但是，那个孩子确实作为一对父母的孩子是存在的，并在家族系统中起着作用。因此，堕胎总是对伴侣关系产生巨大影响，通常在堕胎发生之后伴侣关系也将结束。因为，如果人们停留在那幅图像中，通过被堕胎的孩子，伴侣关系也就会被中止。通常，爱是无法接受这样的事的。如果堕胎是在婚姻中发生的，那么夫妻之间性的关系通常会在此后终止。当堕胎是被强迫的时候尤其如此。

基本上，在流产后，妻子已经不能再完整地和丈夫在一起了，因为妻子的一部分已经随着那个孩子而去。在这样的情况下，丈夫会对妻子说："你的内在总是在其他地方，并没有和我在一起。"因此，重要的是，丈夫要知道在堕胎之后妻子会发生些什么。那样的话，丈夫就可以更好地了解妻子，并认可妻子对于他和他们的家庭都不能完整地发挥作用。如果丈夫要求妻子做出超出她的能力的付出，那么对于妻子来说，有时唯一的出路就是离开丈夫。

在其他关系中发生的堕胎也会影响到当前的伴侣关系，减少伴侣之间的联结。即使新的丈夫知晓这次堕胎，他也无法解决任何事情。因为堕胎仍然与旧的关系密切相关，特别是由于堕胎，先前的关系比后来的具有优先权。

在堕胎事件中，通常男人是回避责任而将其推向女人的。但是，全部的责任应该由父母双方来承担。女人永远也不可能推卸责任，因为做出最终决定的是她。另一方面，男人只有在完全承认女人和那个孩子的情况下才能获得自由。即使他对堕胎一无所知，并因为不知情而不必做出任何决定，他也仍然在那个决定里参与其中。因为，如果他后来了解有关这次堕胎的信息，那么，他将不得不问自己会如何面对这次堕胎。因为堕胎是接受和给予的一种极端情况，孩子付出一切，父母接受一切。甚至连一无所知的父亲也获得了那一切，这取决于他对待女人和孩子的态度如何。因此，女人应该告知男人关于堕胎的事情。

我观察到的是，堕胎的后果通常比生下那个孩子要沉重得多。因此，"我的肚子属于我"[1] 这句宣言应改为"我的肚子及其一切后果均属于我"。人们因流产而背负的负担要比生下那个孩子的负担大许多。因为，无论流产的原因或解释是怎样的，父母，尤其是女人，都得做出补偿。她经常通过找不到或留不住伴侣来对堕胎进行补偿。或者，患上严重的疾病也常常是对流产孩子的赎罪。我常常在癌症患者的排列中观察到这种情况的发生。

但是，赎罪只不过是试图通过同样的痛苦和命运来补偿某事，以使自己感觉更好。但是，这样做的人在看向谁？在看向流产的孩子或是她自己吗？赎罪者的眼睛是闭上的。她们没有看向那些被自己伤害或损害的他人，她们只看向她们自己，而那些被伤害的其他人只能孤独地待着。在这方面，我观察到了一些有趣的现象：在堕胎之后，许多女性的眼中表现出一种强烈的渴望。男人们会被这种强烈的渴望所吸引。但是，这种渴望是朝向别处的，通常是朝向

***

[1] 1971 年德国《明星》杂志封面故事"我的肚子属于我"，亦翻译为"我们堕胎了"，近 400 名女性宣告自己曾中断妊娠。这成为了德国女权运动的重要事件。——译注

被堕胎的孩子的。然而男人不知道事情是这样，他只想拯救他的女人。可是，他到底能做什么呢？他什么也做不了。因为这种渴望不是朝向他的，而是朝向那个被堕胎的孩子的。如果他仍然想要帮助，他给予的就会超过那个女人所能承受的。这样就破坏了施与受之间的平衡，从而预设了他们关系的失败。

那么，堕胎的解决方法是什么？那个被堕胎的孩子必须被重新带回到家庭中或被重新接纳。这一切是通过深刻的痛苦所表达出的对失去那个孩子的悲伤而发生的。这样，那个孩子就会被看到。如果与一对堕掉孩子的夫妇一起进行家族系统排列，可以进行如下的操作：告诉他们要看向躺在地上的孩子。然后，让他们把一只手放在孩子的头上。这是在建立联结。当他们看见那个孩子时，眼泪就会随之而来，爱随着这些眼泪向那个孩子流淌，孩子因此获得安慰。父母的痛苦是那个孩子的荣耀，使孩子与父母和解。于是，那位母亲可以说："我是你的母亲，你是我的孩子。现在，我接受你作为我的孩子，在我的心中给你一个位置。"父亲也可以说同样的话。这会使他们获得一定程度的轻松，但是，永远不能获得完全的解脱。因为，曾经发生的事情无法被抹除。

共同的悲伤和在家庭中重新接纳孩子，使这对因堕胎而分开的夫妻再次联结。但是他们的关系已经与从前不同了。因为他们经历了一次死亡的过程。尽管这对伴侣重新找到了彼此，但是他们不再能够拥有从前那种无忧无虑的亲密关系。然而与此同时，通过对共同的愧疚感的承认，他们的关系得以更加牢固。

但是一段时间以后，就连这种愧疚感也必须成为过去。这不仅对施害者有好处，对受害者也有好处。因此，当堕掉孩子的痛苦再次涌动，可以将它保存在心中。在这种情况下，对于这些父母很好的一个练习是：在内在抱着那个被堕胎的孩子或用手牵着他，带他去看世界。大约一年以后，那个孩子就可以带着尊重在死亡中获得释放，可以真正地归于死亡了。父母共同的痛苦使这种关系获得圆满，这种圆满甚至超过了以前那种表面的快乐和喜悦，那是他们承认孩子而获得的奖赏。为了纪念这个孩子，我们还可以做一些好事，不一定是什么了不起的大事，但是，是平常不做的好事。

第十六章

家族中使人生病的因素

　　我们体内的疾病处于一根链条的末端，这根链条始于将我们与家族及其命运联系在一起的爱。这种联结之爱是一种最基本的需求，是对于我们家族归属的强烈渴望。一方面，它使我们与家族中一切成功和成功的力量源泉相联结；另一方面，它也使我们与所有未完成的和沉重的一切，所有的负担和罪恶感相联结。于是，我们常常在对那些事情一无所知的情况下，不得不共同担当。因此，那些具有优势的人就会希望自己与那些处于劣势的人相似。例如，健康的孩子想要像生病的父母一样，无辜的家族后代成员想要像有罪的父母和祖先一样。如此，健康的人感觉对患病的人负有责任，无辜的人感觉对有罪的人负有责任，幸福的人感觉对不幸的人负有责任，而活着的人感觉对死去的人负有责任。

　　这种牺牲的背景是，我们的生命是与一个共同的灵魂相联结的。这是一个我们与家族所有成员共享的精神场域，这个场域将我们与他们紧密地联系在一起。同时，我们也成为他人的命运。无论以哪种方式，我们之间都保持着联结。

　　这种命运的联结在孩子和父母之间最为牢固，在兄弟姐妹之间以及在丈夫和妻子之间也很牢固。除此之外，我们与那些为家族中的其他人腾出位置的人，以及那些命运尤为沉重的人，也有着特殊的联结。

朝向我们家族的联结之爱甚至超越我们自身生存的需要。因此，许多人认为，他们可以通过疾病或死亡而背负家族中其他人的痛苦或罪责。因为，他们希望能够通过放弃自己的生命和幸福，去保障、拯救或重建这个命运共同体中其他人的生命或幸福，哪怕那一切是很早以前就已经永远失去了的东西。

在家族的命运共同体中，由于这种联结之爱的缘故，存在着一种不可抗拒的动力。这种不可抗拒的动力存在于一个人拥有的优势而另一个人拥有的劣势之间；存在于一个人的清白和幸福与另一个人的愧疚和不幸之间；存在于一个人的健康与另一个人的疾病之间；也存在于一个人的生与另一个人的死之间。由于这种需要，一个家族成员希望在另一个家族成员变得不快乐时也变得不快乐；在一个家族成员生病或负罪的时候，一个健康或无辜的家族成员也会生病或负罪；而当一个被爱的家族成员去世时，与他亲近的人也想要死去。这些人试图用自己的不幸作为代价来换取对他人的救赎。

由于这种对等同和平衡的需求朝向同等的疾病与死亡，因此，那些灵魂是渴望生病的。但是，有一些方法可以使这些人摆脱这种病态的联结。在家族系统排列的帮助下，人们可以了解到那些背景，从而走上疗愈的道路。

我把对一位家族成员的命运和责任的传递称为转移，转移发生在多个层面。在转移发生时，一方面，那个家族成员的内在遵循着这样一句话：“我跟随你。”例如，一个孩子被其早逝的母亲牵引就是这种情况——为了结束那个分离，孩子也想死去。在母亲身上我们常常也可以看到同样的情况。有些母亲想要追随自己早逝的孩子直至死亡，特别是当这位母亲觉得自己对这个孩子的死亡负有责任的时候。仔细观察，会发现这些想法显得似乎很荒谬，但当他们共同归属于那个共同的灵魂时，事情就显得不那么荒谬了。在那个共同的灵魂中，无论是在想象中，还是在感觉上，两者之间的分离都是不存在的。追随逝者的愿望可能会导致危及生命的疾病和过早的死亡。

另一种跟随转移的内在语句是：“我替你。”这种转移对健康的影响也非常大，因为这意味着代替另一个人去生病或者去死亡的意愿。这句话常常从孩子的口中说出。在这同时，人们还可以观察到另一种转移：说出“我替你”的家族成员，常常是家族成员中心怀愧疚的那一个，例如：一位把孩子送养或者堕胎的母亲。因为那样的话，孩子就为母亲的所作所为承担了后果。

人们在内在向生命告别的意义重大的另外一句话是：“我也是（我也和你一样）。”大多数时候，这是一个孩子朝向他死去的双胞胎或者被堕胎的兄弟姐妹说的，前面提到的那些孩子的特殊行为和暴力倾向的根源常常在此。

家族系统排列是如何解决这些转移的？首先要把这些令人生病的语句揭示出来。然后，支持来访者用那些所谓“释放”的句子与这些语句告别。首先，来访者必须借助所有感动他的爱的力量，对与那个转移相关的他的亲人说出他内在的受害者的状态。例如：
"宁愿我消失，也不要是你。""宁愿我消失，而不是你。"这时重要
的是，排列师要让来访者不停地重复这句话，直到他认识到那个被
爱的人是在对面，尽管他非常非常爱这个人，也必须觉察到并且接
受，那个人与他自己不是一个人。否则，那种共生和认同将会保持
不变。

当说出这些饱含爱意的句子后，来访者就会拥有一个边界。这
个边界是关于他所爱的亲人的，同时也是关于他自己的，他可以把
自己的命运与所爱的那个人分开了。那句话迫使人们认识到，因为
爱着一个人而想要为他做的事，对于那个被爱的人来说其实是负
担，而不是帮助。

那些以"我跟随你"这句话为背景的严重疾病、意外事故和自
杀被揭示出来时，那个孩子必须对那个他爱的人说："亲爱的父亲／
亲爱的母亲（或无论哪个他爱的人），我都会跟随您。"在这里，同
样重要的是要多次重复这句话，直到在对面看到那个被爱的人；并
且，尽管他非常非常爱这个人，也必须觉察和接受，那个人与他自
己不是一个人。之后，那个孩子会意识到，他的爱无法超越自己和
所爱的死去的人之间的边界，他必须在这个边界前停住。

在这里，这句话也迫使人们认识到自己的爱和自己所爱的人，
并懂得，如果没有其他人，尤其是他们自己的孩子跟随，他们会更
轻松地接受自己的命运，朝向圆满。

然后，那个孩子就可以对他爱着的死者说出第二句话。这第二

句话使孩子免于朝向不好方向的跟随："亲爱的父亲／母亲／兄弟／姐妹（或其他任何人），您已经死了，我还会活一阵子，之后我也会死。"或者："我会去完成命运中所给予我的一切。之后我也会死。"

如果孩子发现其父母中的一方希望跟随其原生家族中的某人朝向疾病或死亡时，孩子就必须说："亲爱的父亲／亲爱的母亲，即使您离去，我也会活下来。"或者："即使您离去，我也依然会尊敬您，您永远是我的父亲／您永远是我的母亲。"或者，如果父母自杀了："我向您的决定和您的命运鞠躬。您永远是我的父亲／您永远是我的母亲。我永远都是您的孩子。"

以下的这个冥想也有助于使自己摆脱那些内在的句子：

我们花一些时间，深深地进入内在，沉默地归中。如果我们只停留在当下，如其所是，不去触碰，并且既不向前看，又不向后看，那对我们来说最容易达成。

一段时间之后，我们回到自己的童年时代。我们看向那些我们忧心自己母亲或者父亲的情形。

孩子最担忧的始终是他的父母是否留下来；他们是否会离去；他们是否会生病或可能死亡。我们用我们曾经的孩子的眼光去看向这些情形。那时，我们的灵魂中发生了什么？那时，我们如何应对自己的恐惧？

那时，我们的内在有这样一个句子吗？我们是否曾向一个更大的权力做出承诺，甚至许下类似"如果你让他们留下来，我会……"的誓言？这些都是类似"宁愿是我，不要是你"的句子。

问题是：那时的我们许下了什么代价？那时的我们愿意以牺牲什么为代价来换取母亲或家中其他某个人好起来或留下来和我们在一起？我们是否在内在牺牲了一部分健康？我们是否甚至准备好了去死？在那之后，我们是如何对待自己的身体的？问题是：我们如何才能撤销这些承诺和这些句子？我们如何才能恢复我们完整的预期寿命以及生的喜悦和健康？

我们看向那些我们愿意为之牺牲一切的人，我们的牺牲只是为了让他们留下来，并使他们好起来。我们在内在跪在他们面前，抬头看向他们。过了一会儿，当我们真实地感到自己身处低位，真实地感觉到他们的高大时，我们说："在这里您是大的。在这里，您始终是大的。在您面前我是小的，并且始终是小的。"

然后，我们的视线超越他们，看向一种永恒的力量，他们的命运和我们的命运都掌握在这个力量的手中。我们看向这个力量的眼睛，也许会看到顺着脸颊流下的眼泪，因为它看到了我们准备为父母或他人所做的牺牲。这种力量将我们掌握在手中。我们鼓起所有的勇气说："请将所有的那些句子收回吧，我曾经的所有的诺言和所有的希望。我把他们都交付到你的手中，全都交托给你的爱。就像我祈求你拯救我的父母(或无论其他什么人)一样，从那些句子中拯救我吧。请求你。"之后，我们要一直等待，直到我们感觉到我们的身体和我们的生活感受发生了变化，我们对这个力量说："谢谢。"

我在这里只选了上文的第一句话。人们可以以类似的方式找到针对其他两个句子的解决方案。这两个句子分别是："我替你"和"我也是"。

如果在这里找到了解决方案，那么您正在进入另一个精神场域，一个对我们每个人的生活都很友好的场域。如何进入这个场域呢？快乐幸福地进入。

疾病还有许多其他的面孔，常常是那些在我们的灵魂或家族中被剥夺了归属权利的人的面孔。他们通过疾病，不可忽视地、有力地来向我们报到——但这不是对我们生气。这是另一种力量，使他们通过疾病来叩响那扇始终对他们关闭着的门，是为了他们最终可以被放进来。这就是说，我们的家族系统真实地存在于我们体内。如果家族系统中缺少了某些东西，我们的身体中也会缺少一些东西。

根据我的观察发现，即使是慢性、危险甚至威胁生命的疾病，例如癌症，几乎全都与被排除的人有关。更具体来说就是：这种疾病是朝向某个被排除的人的，这个人通过这种疾病被体现出来。在这种情况中，这种疾病和那个被排除者之间的时间关系可能要追溯到几代人以前。与被排除者辈分非常接近的很少，但是这种情况也有。一位患有癌症的妇女告诉我，她的妹妹出生时有十种残疾。例如，她的眼睛不能看。她立即被送进了保育院，并且不再被探望，几周之后就死去了。癌症使那个女人想起了她的妹妹。在这种情况下，她们是非常接近的。有时，疾病也与流产的孩子有关，这也是一种非常接近的情况。但是，那也可能是与祖母流产的一个孩子有关，那么就离得很远了。某些疾病，例如精神分裂症，可能涉及的事件甚至可以发生在五代或六代之前。

尽管如此，许多人对他们的疾病都很友善。人们可以看到他们的脸开始发光，并且在他们讲述自己病情的时候是微笑着的。有些人在做排列的时候，可以微笑着数出自己的 10 种或 12 种疾病。他们与他们的疾病是在爱中相联结的，或者更准确地说：他们通过这种疾病与被排除的人在爱中联结在一起。如果灵魂和家族想要并且需要这种疾病，这种疾病能被治愈吗？

如果有人因某种疾病而来做家族系统排列，可以为他的痛苦设置一位代表。排列很快就会呈现出这个疾病所关联的是哪个被排除的人，我们就可以将这个人带回家族。每个人都可以自己回答以下这个问题：如果患者在经历了这样的一个排列之后去看医生并同意接受治疗，那么治愈的机会是多少？如果那个被排除的人没有被看见，那么，治愈的机会会减少多少？

以下这个示例说明了这个过程：在香港的一次课程快结束时，有一位女士来到我面前，罗列出了她的疾病——总共 11 种。所有疾病都非常严重。我让这些病情的代表围绕着这位女士成为一个圈，他们都表现得像一个人，例如，有的跌倒在地。但那是课程中的最后一个排列，由于时间的限制，我无法做完那个排列。

一年后，这位女士参加了我在台湾的一次课程，她已经好多了。她找到我，说想告诉我一些关于她家族的事情。那个家族非常贫穷，因此总共卖掉了 7 个孩子。此外，还有 4 个孩子被流产。也就是说总共有 11 个孩子——这与那位女士疾病的数量相对应。

然后我排列了那个家族，11 个孩子和那个女人围成一圈。我把父母排列在圈子外面。所有的孩子都带着难以置信的爱看向对方，哭着，亲密无间地联结在一起。父母站在外面抽泣着。然后我打开那个圈子，父母进来了，牵着孩子们的手。大家又团聚在一起了。

那么什么是完全的健康呢？当所有人都在那里的时候。

导致疾病、自杀、意外事故和死亡的另一种动力是对赎罪的渴望。有时，命运和无法改变的事情也会使人愧疚，例如流产、残疾或一个孩子的早逝。在这种情况下能带来帮助的是，带着爱看向死者，面对悲痛并平和地结束一切。

如果某人遭遇了某些命中注定的事情，伤害了别人从而给他自己带来了好处、救赎或生命，也会被认为是一种负罪。但是也有些罪责是需要个人去承担的，例如，如果某人在毫无必要的情况下把一个孩子送走或者流产一个孩子；或者，无情地向某人提出不好的要求或对他人做些什么。

通常，无论是命运中的还是个人的罪恶感都会被通过赎罪来偿还。因为人们认为，对别人造成的损害可以通过对自己的损害来偿还。亏欠应该以赎罪来抵消，从而达成一种平衡。这种会给所有人都带来不幸的方式通过宗教教义和榜样效用被灌输给人们。例如，相信救赎的痛苦和死亡，以及相信通过自我惩罚和外在的痛苦可以净化负罪和愧疚。

但是，通过疾病、意外事故或死亡真的可以对愧疚做出补偿吗？那样的话受害者就会从一个变成两个，例如本来只有一个死者，那样的话，就会再多出另一个死者。更糟的是：这种赎罪使那个罪责的受害者变成了原本的两倍，成了两倍的不幸，因为，他们的不幸滋养了另外的不幸；从他们的伤害中又生长出另一个伤害；他们的死亡又给另一个人带去了死亡。

在这种情况下，还需要考虑另一件事：赎罪是很廉价的。仅仅是受苦和死亡就足够了，无须直视那些关系，无须看见对方，无须感受对方的痛苦和不幸。赎罪只需要以牙还牙。无须作为，受苦就够了；无须活着，死去就算了。就如同"宁愿是我，不要是你"和"我跟随你"这些语句的结果一样，赎罪只会增加不幸、痛苦和死亡。

例如，一位母亲在生育一个孩子时去世了，那个孩子总是感觉亏欠着母亲，因为母亲为自己的生命付出了死亡的代价。如果那个孩子要为此赎罪，采用的方式是使自己痛苦，并且拒绝接受母亲以生命为代价为他带来的生命，甚至为了赎罪自杀；那么，这种不幸对于母亲来说就变成了两倍的不幸。因为，那个孩子并没有尊重母亲带给他的生命，也没有尊重母亲的爱和为了孩子献出一切的牺牲，母亲的死就变成了徒劳。那个孩子也无法拥有生命和幸福，只会带来更多的不幸和另一次死亡。

如果想要帮助这样的孩子，就必须认识到，他既有赎罪的渴望，内在也有那样的句子："宁愿是我，不要是你"和"我跟随你"。治疗的方法是，必须让那个孩子说："亲爱的妈妈，既然您已经为我的生命付出了如此高的代价，那么，这些代价就不应该白费。我将在我的生命中去做一些好的事情，这是为了纪念您和对您的尊重。"那样的话，孩子就不会再盲目地、糊里糊涂地只从形式上与母亲连在一起了，而是能够看到面前慈祥的母亲，眼中有她，心中也有她。如此，祝福和力量就会从母亲流向孩子，孩子也会因为对母亲的爱，在生命中做出一些特殊的事情。这与通过赎罪的廉价的补偿不同，那样的赎罪一文不值，只会造成伤害。这种补偿是高贵的，因为它很有价值并且会带来祝福。这样的补偿使母亲和孩子与他们的命运和解。因为，通过孩子对母亲的纪念，彰显出了生命的美好。通过孩子，母亲得以分享生命中的一切，她的生命通过孩子的生命继续着。

这种平衡遵循着这样的洞见：我们的生命独一无二，有些人离去，为后来的生命让出位置，即便是已经离去，他们也滋养着当下的一切。

所有这些都表明了家族系统排列对医学有很大的帮助，并与医学一起服务于生命。尽管前面所描述的那些动力在排列中被揭示出来，并且可以发现解决办法，但我依然想要强调：我不疗愈任何人，我只把家族中的人们带到一起。这样做对于疾病有很好的效果，我觉得很好。但是，我只是对家族进行了排列，仅此而已。我没有做任何事情，疗愈是自动发生的。

第十七章

各种疾病的系统性背景

在我的家族系统排列的工作中，我有无数次要面对各种各样的疾病。许多疾病都有来自家族系统的背景，这些大多涉及纠缠或者对序位的伤害，在许多情况下都可以一次又一次地观察到导致它们出现的相同动力。下面我对其中的一些疾病进行介绍。

精神分裂症：根据我的经验，精神分裂症不是疾病，而是一种系统性问题。我们只能在那些内部有谋杀案的家族中见到精神分裂症患者。在这样的情形中，施害者和受害人属于同一个家族。当然也有例外，例如，受害者或者施害者是与家族关系密切的人，例如，前伴侣。在家族中发生此类谋杀事件后，家族的每一代后代中都有精神分裂症出现，但大多并未被诊断为精神分裂症。

有时候，谋杀案是发生在几代人以前的事，所以已经没人记得了，但是在家族灵魂中这些事件还是鲜活的。在排列中，这些事件被曝光。精神分裂症的出现是因为后来的家族成员同时代表了施害者和受害者，这两者都被排除在家族系统之外。当施害者和受害者被重新接引回家族，得到认可和尊重后，精神分裂症也就过去了。

当然，如果一个家族成员被一个家族以外的成员谋杀，也会对家族产生影响。但这并不会导致精神分裂症。

神经性皮炎：我对神经性皮炎的第一个观察结果是，一个女人对她离婚的丈夫很生气。这位男士在新的关系中有一个儿子患上了神经性皮炎，那就像是一个诅咒。之后我经常看到类似的情形，都是在有人受到不公正待遇而非常生气的情形下。然而，奇怪的是，这些人对于使他遭受不公正待遇的那个人并不生气，而是把这种感觉转移到一个孩子的身上。因为，他仍然与那个人有着爱的联结。

家族系统排列的工作在于使那个人的那颗愤怒的心变得柔软，使另一个人承认自己的行为并为之感到抱歉。如果这涉及以前的伴侣，那么就需要让那个负有愧疚的人说："请友好地看向我的儿子/女儿和我的新妻子/新丈夫。"那样的话，另一方就会变得柔软，不再生气，对于未来，每个人就都是自由的了。

暴食症：暴食症通常的背景是：母亲对孩子说："你只能从我这里接受。父亲那里的东西是不好的。"那样的话，孩子会从母亲那里接受，然而出于对父亲的爱，孩子又会吐出一切。暴食症的解决方案是这样的：孩子想象他坐在父亲的怀中，所有的食物都摆放在他面前。

然后，父亲用一把小匙喂他，每吃一口便说："爸爸，在你这里的这些都很好吃。我很乐意从您这里得到。"这是对暴食症的干预。

厌食症：在这种情况下，是父母中的一方在朝向死亡，而孩子在内在说："我代替您。"

成瘾的孩子：在这些孩子那里缺失了一个人，通常是父亲。他被排除在了家族系统之外。

压迫性疼痛：压迫性的疼痛（例如头痛）是被堵塞的爱的表述。在这里必须为那股压力建立一个阀门，以便将其排放。这可以通过三种方法来实现，所有这些方法都具有良好的效果：

（1）友好的目光。排列师要对来访者说："请友好地看着我。"来访者的眼睛突然亮了起来，一股极大的压力消失了。这种友好的目光对排列师也很好。

（2）带着爱呼气。排列师要求来访者在呼气时想象，自己的爱正在流向某人。这与友好的目光一样，是一种带有朝向的移动。

（3）伸开双手。排列师要求来访者将双手伸向某人。

所有这三种方法都显示出，关系中序位的混乱会带来许多困难。而疗愈、自由和幸福是"爱的序位"带来的结果。

癌症：在癌症病例中，起作用的常常是"我跟随你"和"我为你"这样的话语。我在患有癌症的妇女那里经常观察到的是，她们从母亲那里转开，并在内心说："亲爱的妈妈，我宁愿死也不愿给你荣耀。"而奇怪的是：死亡对于她们来说不是一件坏事。那是她们报复的方式。

语言障碍：在许多言语障碍的背后，是家族中的一个还未达成和解的冲突。例如，当某个家族成员被隐藏或被送走，因此被禁止谈论。或者，家族中的两个成员不可调和地对立着，例如，一个施害者及其受害者。这样的后果是，后代中常常有人同时代表着这两个人，因此不能让他们两个都有发言权。这个后代就会开始口吃。

口吃通常具有类似于精神分裂症的家族背景。在精神分裂症中，未解决的冲突在混乱中变得显化可见，而口吃者是在语言方面表现了出来。因此，口吃的解决方案通常与精神分裂症的解决方案相同。让家族中那些还没有和解的成员面对面地站立，直到他们相互承认并且和解。当真正的冲突被看见时，语言障碍或精神分裂症患者就可以让这些冲突回归其位，他们自己则可以从中解脱出来了。

口吃也可能有其他背景。人们经常可以观察到，在一个人开始口吃之前会看向侧面。这时候他是在看向一个内在的画面，更确切地说，是在看向一个被内化了的人，那是一个让他害怕的人，在那个人面前他就会开始口吃。如果口吃者可以在一个排列中开放地面对这个人，如果他能赋予这个人（这些人）尊重，直到这个人（这些人）接受他，并向他表达自己的爱，那样，口吃者就可以看着他（们）的眼睛，清楚地陈述他的感受和他对他（们）的请求了。

有时，在口吃和其他语言障碍的背后，隐藏着一个想要被揭露的秘密。但同时，这个秘密又使整个家族都感到恐惧。例如，一个被隐匿的孩子。如果这个秘密通过家族系统排列被揭示出来，从而被真正地看见，那么就不会再有什么去阻止流畅的语言了。所以，当父母企图或者必须隐瞒什么的时候，常常会导致他们孩子的语言障碍。只有当父母可以开始公开谈论那些事情时，孩子们才有机会克服他们的语言障碍。

　　超重：我在超重的女人身上常常观察到的是，她们在"吃掉"被她们拒绝的母亲，当然这只是一种意义上的比喻。这也就是为什么，她们的那种吃法同时会具有一些攻击性的原因。对于这样的情况，干预措施如下：来访者坐在桌子旁，拿起一个勺子，看向自己内在的母亲说："您先请。"这是一个很小的仪式。

　　超重还可能与一些完全不同的事物有关。我们必须通过排列仔细探查。